Angelika Ritter

Börse mal ganz einfach

Angelika Ritter

Börse mal ganz einfach

Erfahrungsbericht einer erfolgreichen Hobbybörsianerin

mvg

Die Deutsche Bibliothek – CIP-Einheitsaufnahme

Ritter, Angelika:
Börse mal ganz einfach : Erfahrungsbericht einer erfolgreichen Hobbybörsianerin / Landsberg am Lech : mvg, 2001
(mvg-Paperbacks)
ISBN 3-478-73320-0

Dieses Buch will keine spezifischen Anlageempfehlungen geben und enthält lediglich allgemeine Hinweise. Alle Wertpapiere, die in diesem Buch als Beispiele in Texterläuterungen, Tabellen, Charts, Abbildungen etc. erwähnt wurden, stellen somit **keine Kaufempfehlungen** dar. Sie dienen ausschließlich dazu, die vielfältigen Möglichkeiten, die Hochs und Tiefs, die schnellen Gewinne und Verluste zu veranschaulichen.

Autor, Herausgeber und die zitierten Quellen haften nicht für etwaige Verluste, die auf Grund der Umsetzung ihrer Gedanken und Ideen entstehen.

Die Charts in diesem Buch sind eine stark vereinfachte Darstellung des Kursverlaufs der jeweiligen Aktie.

Umschlaggestaltung: Atelier Seidel, Altötting
Satz: Fotosatz H. Buck, Kumhausen
Druck- und Bindearbeiten: Ebner Ulm
Printed in Germany 73320/9012502
ISBN 3-478-73320-0

Inhaltsverzeichnis

Danksagung 8

Vorwort 9

Einleitung 11
Die Idee zu diesem Buch 11
Als Laie an die Börse? 12
Neugier und Lernbereitschaft! 13

Aller Anfang ist schwer 15
Die Vorgeschichte 15
Der Anstoß 20

Börse – ein Spukgespenst? 27

Von der Zeichnung zum Crash 33
Die erste Zeichnung 33
Die eBay-Story 35
Der erste Crash 39

Indikatoren 43
Börsenfreunde 43
Fachleute 46

Den Horizont erweitern 53
Meine Seminare 53
New York 61

Anlegertypen 73
Der Aussitzer 73
Die Wespe 80

Hausse und Baisse 83
Survival in der Baisse 83
Die Baisse – oder wie ich den Bären an die Leine nehme … 89

AOLs zu verschenken!! 95

Pech gehabt … 99
Check Point Software 99
Meine härtesten Reinfälle waren … 100
Der Neue Markt – Börse in Kinderschuhen? 102

Pfade durch den Aktiendschungel 105
Die 1000-Prozenter 107
Die 100-Prozenter 110

Besser spät als nie!! 113

Sie sind an der Reihe 119
Vorbereitungen 119
Informationen sammeln 121
Trockenübungen 126
Depoteröffnung 127
Zeichnung 130
Kredit 130
Der erste Aktienkauf 133

Hindernisse auf dem Weg zum eigenen Depot 137

Aller Anfang ist leicht … 143
Die Jahreszeiten – die Börsenzeiten 143
Spekulationsfrist 147
Fonds 148

Börsenweisheiten 155
Greife nie in ein fallendes Messer! 155

An Gewinnmitnahmen ist noch niemand gestorben! 156
Gewinne laufen lassen, Verluste begrenzen! 157
Kaufen, wenn die Kanonen donnern! 157
Gier frisst Hirn! 158
Bulle und Bär 158

Die Nase im Wind ... 161

Ausblick 165

Literaturverzeichnis 167

Stichwortverzeichnis 169

Danksagung

Es hat mir großen Spaß gemacht, meine Erlebnisse als Anfänger in der Börsenwelt aufzuschreiben und die verschiedenen Stationen Revue passieren zu lassen.

Mein Wunsch war es von Anfang an, für ein Vorwort Herrn Erich J. Lejeune, Vorstandsvorsitzender von ce CONSUMER ELECTRONIC AG, zu gewinnen. Seine Zusage, das Manuskript durchzulesen und das Vorwort zu schreiben, war für mich ein enormer Ansporn. Als Autor vieler hervorragender Bücher und Chef eines sehr erfolgreichen, börsennotierten Unternehmens am Neuen Markt war mir an seinem Urteil besonders viel gelegen. Ihm gilt mein ganz besonderer Dank!

Viel verdanke ich auch Gabriele Fleig, die meinen Text kritisch-konstruktiv durcharbeitete. Nichts entging ihrem exzellenten Gespür für stilistische Feinheiten. Was durch ihre Hände gegangen war, konnte ich beruhigt weiterverwenden.

Danke auch den vielen Freunden und Bekannten, die mit mir durch Hausse und Baisse gegangen sind, für den freimütigen Erfahrungs- und Erlebnisaustausch.

Vorwort

Noch immer ist vielen Deutschen die Aktie nicht so recht geheuer. Sie halten die Börse für ein Spielkasino, in dem sich hauptsächlich Finanzprofis und Zocker tummeln und von dem man sich als „Normalbürger", der auf sein Geld sehen muss, besser fernhalten solle.

Daneben trägt eine oftmals ideologisch verzerrte Interpretation des Shareholder-Value-Prinzips dazu bei, dass die Aktie gleichsam als Symbol eines „Turbokapitalismus" angesehen wird, der im scharfen Gegensatz zu gemeinwohlorientiertem Denken und Handeln steht.

Ich kenne keinen anderen Text, der mit derartigen Vorurteilen so gründlich und überzeugend aufräumt, wie das vorliegende Buch von Angelika Ritter. Die besondere Glaubwürdigkeit liegt dabei in der Person der Autorin. Ihr beruflicher Werdegang, ihr starkes soziales und gesellschaftliches Engagement entsprechen so gar nicht den gängigen Vorstellungen einer erfolgreichen Börsianerin.

Als absoluter Laie, aber ausgestattet mit erfrischender Neugierde und unverfälschtem schwäbischen Hausverstand, dringt Angelika Ritter immer tiefer in die komplizierte Welt der Finanzmärkte ein. Sie bedient sich dabei fachmännischer Beratung, ohne sich den Profis auszuliefern. So reiht sich eine Erfahrung an die andere, das Wissensfundament wird immer fester. Spielerische Freude daran, Neues zu erproben und gleichzeitig die Risiken beherrschbar zu halten, führen zu einer Aktionärskarriere, bei der sich das selbstverständliche Streben nach Gewinn und ein hohes Maß an Verantwortungsbewusstsein vereinen.

Angelika Ritter hat einen Börsenleitfaden für Frau und Herrn Jedermann vorgelegt. Die vielen praktischen Tipps, der Humor und die klare, verständliche Sprache, die dem scheinbar Fachchinesischen seinen Schrecken nimmt, die Authentizität durch die Schilderung des selbst Erlebten, all dies leistet einen wichtigen und wertvollen Beitrag zur Entwicklung einer Aktienkultur in Deutschland, die die Bezeichnung „Kultur" wirklich verdient.

Erich J. Lejeune
Vorstandsvorsitzender der
ce CONSUMER ELECTRONIC AG

München, August 2001

Einleitung

Die Idee zu diesem Buch

„Ich habe immer gedacht, Börse ist nur was für Spezialisten."

„Spekulieren kann ich mir nicht leisten…"

„Das ist mir alles zu kompliziert."

„Ich habe viel über den Aktienboom gelesen, aber niemand sagt mir, wie es geht!"

„An der Börse verliert man ja nur sein Geld!"

„Mit Wirtschaft und Finanzen kenne ich mich nicht aus!"

„Ich bin kein Pfennigfuchser."

„Geld verdirbt den Charakter."

„Ich will keine Dollarzeichen in den Augen."

Wenn Ihnen diese Aussagen bekannt vorkommen und Sie sich möglicherweise selber darin wiederfinden – sind Sie hier genau richtig!

Auf die Idee, meine Erfahrungen über meine Lehrjahre an der Börse schriftlich festzuhalten, kam ich, nachdem unser Wohnzimmer fast allabendlich von Bekannten und Freunden und auch ganz Fremden belagert war – alle mit der einen Frage:

Kann ich als Laie an der Börse Erfolg haben –
und wie fange ich an?

Als Laie an die Börse?

Ich kann Ihnen eine wirklich verblüffende Erfahrung weitergeben:

> Sie waren bis jetzt von allem, was mit Wirtschaft und Finanzen zu tun hat, meilenweit entfernt?
>
> Macht nichts – desto besser sind Ihre Chancen auf einen guten Börsenerfolg.

Wie ich ausgerechnet zu so einer Aussage komme?

In München auf dem Marienplatz wurde vor einigen Monaten eine Umfrage unter Passanten gestartet. Man bat sie, Firmen zu nennen, in die sie investieren würden. Beim Auswerten der Antworten wurde das total überraschende Ergebnis festgestellt: Die Anlagetipps der „Leute wie du und ich" übertrafen in der Wertentwicklung die der Profis!

Auch Peter Lynch, der den bekannten Magellan Fonds erfolgreich über Jahre hinweg managte, lernte eines Tages eine Schulklasse kennen, die sich mit Aktien beschäftigte. Dabei griffen die Kinder grundsätzlich nur auf Firmen zurück, die sie kannten (Kleidung, Sportausrüstung, Ernährung, Getränke) und von deren Produkten sie selbst begeistert waren. Die Wertentwicklung ihres Depots stellte die der Profis in den Schatten.

Kann es sein, dass die Profis den Wald vor lauter Bäumen nicht mehr sehen?

Eins ist auch mir und meinen Börsenfreunden deutlich geworden:

Es ist wichtig, sich mit Wirtschafts- und Firmenmeldungen zu befassen – doch ***zu*** viel Information schadet und verunsichert.

Die wichtigste Voraussetzung:

Neugier und Lernbereitschaft!

Wer mit offenen Augen und Ohren durch seinen Alltag geht, hat die beste Basisinformation. Ausgangspunkt für eine Beschäftigung mit Aktien ist oft die Erkenntnis, dass das Sparbuch nicht unbedingt der erfolgreichste Ort der Geldvermehrung ist.

Wenn Sie aber Unwissenheit, Vorurteile oder Ängste bisher von einem Aktienengagement ferngehalten haben, steuern Sie einmal bewusst dagegen: Befassen Sie sich mit dieser Art der Geldanlage. Damit nehmen Sie dem „Unbekannten" seinen Schrecken. Folgen Sie mir in diesem Buch auf meinen ersten „Lehrjahren" an der Börse.

Mit diesem Buch will ich Ihnen durch meine Erlebnisse einen Einblick geben, mit welchen witzigen und haarsträubenden Ereignissen ich als Anfänger zu tun bekam, welche Fehler ich gemacht habe – und ich habe so ziemlich alle Möglichkeiten ausgeschöpft – und welche Strategien ich dann entwickelt habe.

Ich sehe meine dreieinhalb Börsenjahre als äußerst turbulente Lehrzeit an, die ich nicht missen möchte – einschließlich der Fehler.

Wenn ich auch für Sie wünsche, dass Sie viele meiner Fehler vermeiden, so bin ich doch davon überzeugt, dass man durch diese Fehler erst wirklich lernt und sein Verhalten ändert.

Aus diesem Grund sehe ich das Lehrgeld, das ich im wörtlichen Sinne an der Börse bezahlt habe, als notwendig an. Denn trotz Lehrgeld habe ich in diesen knapp drei Jahren unseren Einsatz vervierfacht – und das in einer Zeit, in der die Aktienkurse ziemlich tief am Boden sind (November 2000).

> „Lernen ist wie Rudern gegen den Strom – sobald man aufhört, treibt man zurück!"
>
> Benjamin Britten

Aller Anfang ist schwer

Die Vorgeschichte

Von Anfang an war mir das heiße Interesse an wirtschaftlichen Gegebenheiten nicht in die Wiege gelegt worden.

Was mich aber mein ganzes Leben lang begleitet hat, war die Neugier, und zwar in Bezug auf Lernen und „Grenzen verrücken".

Und das spiegelt sich auch in den verschiedensten Unternehmungen der vergangenen Jahre und Jahrzehnte wider und ist der Ausgangspunkt meiner Geschichte mit der Börse.

Nach meiner Ausbildung war ich einige Jahre in der Beratung Jugendlicher tätig.

Als sich dann Nachwuchs anmeldete und mein Mann und ich uns einig waren, dass ich die nächsten Jahre ganz bestimmt daheim verbringen würde, drückte ich erst einmal nebenberuflich die Schulbank.

Der hauswirtschaftliche Bereich war bisher noch nie meine Stärke gewesen, und um Bügeln und Sonntagsbratenvorbereiten hatte ich immer einen großen Bogen gemacht.

Der Gedanke an Nähen und Sticken trieb mir Schweißperlen auf die Stirn – das waren nicht *meine* Freizeitbeschäftigungen!

Ich befürchtete aber, dass man als künftige Hausfrau und Mutter wenigstens ansatzweise mit diesen Tätigkeiten in Berührung kommt – und so meldete ich mich am Berufsschulzentrum in unserer Nähe zu einem einjährigen Ausbildungsgang an, der Erwachsenen in dieser verkürzten Fassung hauswirtschaftliche Fähigkeiten vermittelt und mit der Abschlussprüfung zur staatlich geprüften Hauswirtschafterin endet.

Nach der Geburt unseres Sohnes, fing ich gleich noch die nächste Ausbildung an: zur Hauswirtschaftsmeiste-

rin (nach dem Motto: „viel hilft viel“) und schloss mit der Meisterprüfung ab.

Fragen Sie nicht, wie, aber ich habe in all diesen theoretischen und praktischen Prüfungen gut abgeschnitten – und das in einem Gebiet, das mir absolut nicht lag und auf dem ich eigentlich nur meine großen Wissenslücken schließen wollte. Diese Erfahrung sollte später noch einmal sehr wichtig werden!

Ich hatte es inzwischen gelernt, meine Tage in Freiheit (so nenne ich immer die Zeit, in der ich nicht berufstätig bin) einzuteilen und diese Freiheit auch zu genießen (Kinder erziehen ist nicht *nur* Arbeit!!)

Nebenher arbeiteten mein Mann und ich zehn Jahre lang mit viel persönlichem Gewinn bei Eheseminaren der evangelischen Kirche mit und hatten viel Freude am Zusammensein mit Ehepaaren, die an ihrer Beziehung arbeiten und weiterkommen wollten. Hier konnten wir mehr als einmal erleben, wie eigentlich gescheiterte Ehen aus dem christlichen Glauben heraus einen echten „Turn-around“ schafften und von Scheidung nicht mehr die Rede war.

Zwischendurch sammelte ich Preise für den Umweltschutz ein, weil ich Möglichkeiten fand, ohne großen Aufwand bei der Maschinenwäsche im Haushalt Wasser und Waschmittel in deutlich erkennbarem Maß zu sparen und so etwas zur Gewässerentlastung beizutragen – natürlich ohne Einbußen an der „porentiefen Reinheit“, was sich in Tests mit den Windeln meines Sohnes hervorragend beweisen ließ.

Wir – eine Freundin und ich – boten den regionalen Frauengruppen entsprechende fachspezifische Vortragsabende über eben dieses Thema an und versuchten, auch andere Frauen dafür zu begeistern.

Irgendwann Anfang der 90er-Jahre drehte mir mein jüngerer Bruder einen alten Laptop an, der zum Ausrangieren zu schade war.

Also fing ich an, Computerzeitschriften zu lesen, wobei ich am Anfang ganz sicher über 80 Prozent der Begriffe gar nicht verstand.

Ich merkte, wie mal da mal dort immer wieder ein bisschen mehr von diesen Fachausdrücken hängen blieb und die Hilfe suchenden Fragen an befreundete Computerbesitzer weniger wurden.

Ich lernte „by doing", löschte des öfteren Dateien, die eigentlich zur Basisausstattung des Betriebssystems gehörten, und formatierte in schierer Verzweiflung mehr als einmal die Festplatte, um alles wieder neu aufzuspielen.

Dabei probierte ich das Internet aus, lernte Provider und Suchmaschinen wie yahoo kennen; Softwarefirmen tauchten immer wieder mal auf und bildeten langsam einen Grundstock an Basiswissen.

Und immer noch weit und breit keine Börse in Sicht …, bis …

… ja, bis ich mich endgültig entscheiden musste, ob ich wieder ins Berufsleben zurückkehren wollte oder nicht. Mir war klar, dass ein Verzicht auf Berufstätigkeit gleichzeitig einen Verzicht auf finanzielle Absicherung – besonders im Alter – bedeutete.

Dass mich später irgendwann eine üppige Rente erwartete, von dieser Vorstellung musste ich Abschied nehmen.

Dies wiederum gab den Ausschlag, einen Wirtschaftsberater einzuschalten, um alternative Finanzierungsmöglichkeiten der Altersvorsorge zu entwickeln.

Denn eines war mir klar: Je öfter in der Politik die Sicherheit der Renten betont wurde, desto sicherer war: Die Renten sind *nicht* sicher! Und schon gar nicht in dem Umfang, wie ich es mir für meinen Lebensabend vorstellte.

Und so kam es zu meinem ersten Kontakt mit den Finanzmärkten …

Der Anstoß

Man sollte meinen, dass man nach einem Studium, in dem Betriebswirtschaftslehre über einige Semester hinweg eine wichtige Rolle gespielt hat, überhaupt keine Wissenslücken im Bereich von persönlicher Finanzplanung hat – weit gefehlt.

Ich hatte – das ist mir in der Rückschau klar – börsenspezifische Nachrichten und Berichte geflissentlich übersehen und ausgeblendet. Das berührte meinen Horizont nicht im Entferntesten! Mit einem versehentlich im Briefkasten gelandeten Exemplar des Handelsblattes konnte und wollte ich nichts anfangen; es landete im Papierkorb.

Wenn irgendwo doch einmal das Thema Aktien auftauchte, dann nur mit sehr negativen Beigeschmack: Ich hatte das Gefühl, hier gehe es um eine hoch spekulative Geldanlage, bei der in der Regel nur einer gewinnt – die Bank.

Irgendwann im Jahre 1997 ließen wir also unsere Versicherungen von einem unabhängigen Vermögensberater durchchecken und stießen dabei auch auf von ihm empfohlene Fonds- und Rentenanlagen. Mit zahlreichen Unterlagen und Kurven überzeugte er mich und meinen Mann davon, dass mit einem Aktienfonds Geld zu verdienen sei – jedenfalls ließen die beeindruckenden Prospekte und Performance-Tabellen über Wertsteigerung keinen Zweifel daran.

Das ließe sich dann auch zur Aufstockung einer mageren Rente verwenden, falls man die Anlage nur recht lange hielte.

Wir befassten uns nun genauer mit dem Templeton-Growth-Fonds, einem weltweit anlegenden und sehr breit gestreuten Aktienfonds, der uns sehr sicher und von der Anlegestrategie her einleuchtend erschien:

Er verfolgte den Ansatz, Aktien interessanter Firmen, die stark unterbewertet oder auch in ihrem Kurswert tief gefallen waren, einzukaufen und auf eine Weiterentwicklung nach oben zu warten.

Von den vielen winzig klein aufgeführten Firmen, die das Portfolio (Gesamtheit der enthaltenen Aktien in dem Fonds) enthielt, kam mir keine einzige bekannt vor, und in jugendlichem Unverständnis fragte ich, warum z.B. die Firma Microsoft nicht enthalten sei.

Denn nachdem ich mich seit einigen Jahren mit Computer und Internet auseinander gesetzt hatte und von deren Möglichkeiten begeistert war, konnte ich das nicht so recht verstehen.

„Solche Aktien sind schon zu hoch gestiegen, die versprechen nicht mehr eine ausreichende Entwicklung nach oben", war die verblüffende Antwort.

Ich war verwundert, dass einer solchen Firma, die meines Erachtens sicher erst am Anfang stand, keine gute Kurschance mehr zugestanden wurde. Aber gut, wir wollten ja nicht schlauer sein als unser Vermögensberater, der sich offensichtlich schon länger in der Materie bewegte und sich sicher besser auskannte als wir zwei Laien.

Wir entschlossen uns, Geld in diesen Fonds zu investieren, und legten eine große Summe sofort an; der damalige Kurs lag bei ca. 20 Dollar pro Anteil.

In den drei Jahren bis heute hat der Fonds seinen Einstiegspreis nicht wieder erreichen können – wir haben nach zwei Jahren „eigenständig" umgeschichtet. Unser erster Fonds geriet also zum absoluten Flop!

Das Gespräch mit dem Anlageberater ließ uns aber keine Ruhe, und wir dachten: Warum kaufen wir nicht einmal selbst Aktien einer Firma, die uns viel versprechend erscheint und die wir kennen?

Gesagt, getan – wir meldeten uns bei unserem örtlichen Kreditinstitut zur Beratung und Eröffnung eines Aktiendepots an. Beratung war nämlich vorgeschrieben, damit man uns vor dem Einstieg ins Aktiengeschäft die Risiken vor Augen halten konnte.

Da ich nicht viel Zeit verlieren wollte, nahm ich zu dem Gespräch auch gleich zwei eigene Vorschläge mit:

Ich wollte unbedingt in die **SAP** investieren – in verschiedenen Computerzeitschriften hatte ich immer wieder darüber gelesen und war begeistert von Produkt und Aufbau der Firma. Auch das Managerteam schien voll hinter seinem Produkt und seiner Idee zu stehen und bestand zu diesem Zeitpunkt aus der Gründermannschaft – was ich für ein gutes Zeichen hielt.

Als zweites Investment hatten wir uns die **Allianz** herausgesucht, nach unseren laienhaften Überlegungen dachten wir als Ausgleich an etwas „Bodenständiges", und diese Aktie versprach etwas mehr Sicherheit im Depot und war in unseren Augen wenig spekulativ. Dass Versicherungen gut verdienen und mit immer neuen Ideen ihre Produkte an den Mann bringen, hatte ich selbst erfahren. Warum sich also nicht am Verdienen beteiligen?

Im Beratungsgespräch erfuhren wir, dass wir uns zwei Blue Chips aus dem DAX (**D**eutscher **A**ktienindex, der die 30 größten Aktiengesellschaften in Deutschland enthält) ausgesucht und sie durchaus richtig eingeschätzt hatten. SAP wurde als sehr spekulativ und teuer angesehen, doch ich wollte sie durchaus haben.

Zum ersten Mal hörten wir etwas von Vorzugsaktien, Stammaktien und Namensaktien (Allianz). Vorzugsaktien, so ließen wir uns belehren, wurden mit höheren Dividenden bedacht, während Stammaktien den Vorteil hätten, dass man bei Hauptversammlungen stimmberechtigt sei. Bei Namensaktien würden die Namen der Aktienbesitzer der Firma genannt, es gab also keine anonyme Aktienpakete.

Und so gaben wir sofort den Kaufauftrag für die beiden Aktien SAP Vorzüge und Allianz und orderten jeweils für 5000 DM, für uns eine beträchtliche Summe für eine Investition auf unbekanntem Gebiet.

Da ich als begeisterter Internetfan dieses Medium auch für den künftigen Aktienkauf und -verkauf einsetzen wollte, beantragte ich einen Internetzugang zu meinem neuen Depot.

Dermaßen ausgerüstet und als frisch gebackene Aktionäre, saßen wir nun täglich mittags vor dem Radio und lauschten den Börsennachrichten, was in einem Ablesen der DAX-Werte zum Kassa-Stand bestand (die Werte bezogen sich auf einen zur Mittagszeit festgestellten Kurs).

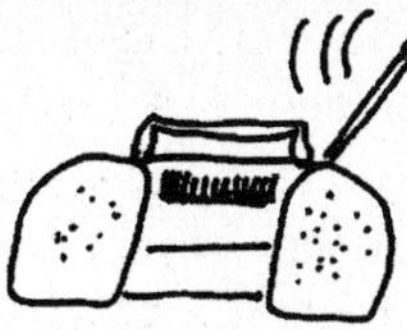

Wir mussten einen guten Einstiegszeitpunkt erwischt haben, denn seit Ende Januar konnten wir täglich steigende Kurse bei SAP hören und gerieten ganz aus dem Häuschen, als nach 4 Wochen ein Gewinn von 1000 DM zu feiern war.

So ging das eine Weile weiter, und als sich unsere Aktie dem 100-Prozent-Gewinn näherte und das halbe Jahr (damals waren die Aktiengewinne steuerfrei, wenn man sie mindestens ein halbes Jahr und einen Tag im Depot beließ) Spekulationsfrist herum war, kam das große Schlachtfest:

Die Hälfte der SAP-Aktien wurde verkauft – über die telefonische Hotline s-direkt bei unserer Bank ging das problemlos.

Wir konnten es nicht fassen, dass es so einfach sein sollte, Geld zu verdienen. Auch die Allianz wurde wieder zu Geld gemacht; hier fiel der Gewinn jedoch nicht ganz so üppig aus.

Börse – ein Spukgespenst?

Was ich nie für möglich gehalten hätte, wurde im Laufe meines Aktienengagements immer deutlicher. Es gibt absurde Einstellungen zum Thema Aktien, und ich lernte sie kennen, sobald das Gespräch darauf kam und ich „bekannte“, dass ich da auch mitmischte!

Nicht genug, dass ich meine anfängliche Scheu vor Investitionen und den damit zusammenhängenden Risiken für mein erspartes Geld erst überwinden und gegen Ängste bei Kursrückgängen ankämpfen musste – nun kamen von ganz anderer Seite sogar persönliche Angriffe auf mich zu.

Es war, als hätte ich in ein Wespennest gestochen!

„Geldgier“, „Pfennigfuchserei“, „kapitalistischer Denker“, du stehst jetzt auf der anderen Seite (was auch immer mit der „anderen Seite“ gemeint sein soll) … das sind nur die harmloseren Anfeindungen, die ich zu hören bekam.

Die handfesteren Schlagworte lauteten „Mafia“, „Schwarzgeld“, „Geldwäsche“ und „Mammon“, je nach ideologischer Einfärbung des Gesprächspartners.

So wurde ich in eine Schublade gesteckt mit Ausbeutern und Nutznießern, die auf Kosten Armer und sozial Schwacher egoistisch Gewinne machen. Dabei wurde das Wort „Gewinne“ mit einer abfälligen Gestik unterstrichen, als spräche man über Pest und Cholera.

Hier werde nur der Reiche immer reicher und der Arme immer ärmer, da ihm das „Spekulieren“ ja gar nicht möglich sei.

Von der verächtlich hingeworfenen Bemerkung: „Geld interessiert mich nicht“ (d.h. übersetzt: Ich bin nicht so scharf aufs Geld wie du) bis hin zur Verdächtigung, ich würde wohl auf Kosten anderer, nämlich der Verlierer an der Börse, der Arbeitnehmer usw. leben, war alles vertreten.

Am Anfang war ich entsetzt, mit welch negativer Einstellung die Themen Geld, Altersvorsorge oder Reichtum angegangen werden – ich hatte den Eindruck, dies ist ein Reizthema, das in seiner Intensität manches in den Schatten stellt.

Dabei war mir in Gesprächen häufig die Not der Menschen begegnet, die sich eben nie um vernünftigen Vermögensaufbau gekümmert hatten und nun in ihrem Leben laufend Kompromisse eingehen mussten, weil sie so abhängig waren vom Geld!

Wo um alles in der Welt liegen die Ängste und Blockaden, dass negative Meinungen entstehen können? Ist es allein Unwissenheit? Vermutlich nicht!

Auffallend ist, dass vor allem sozial engagierte Personen große Bedenken haben. Mit jeglichem Unverständnis für wirtschaftliche Zusammenhänge wird hier geurteilt, und der Ast, auf dem man sitzt, abgesägt! Die alte und überwunden geglaubte Polarität zwischen Aktienbesitzer und Nicht-Aktienbesitzer wird geschürt, als wäre man am Anfang der industriellen Revolution.

Ich habe in den vergangenen Jahren, in denen ich an der Börse handle, einige Familien erlebt, die durch vernünftige und kluge Anlageentscheidungen den Weg aus kritischen finanziellen Verhältnissen und Verschuldung geschafft haben. Sie können sich nun mit der gebotenen Entscheidungsfreiheit um ihre Belange kümmern und haben sich eine finanzielle Sicherheit erwirtschaftet, die wohltuend auf die ganze Lebenssituation der Familie ausstrahlt und eine entspannte und zielgerichtete Lebensplanung ermöglicht. Das Damoklesschwert der Verschuldung oder Geldknappheit scheint abgehängt, und es ist, als könnten diese Familien wieder richtig durchatmen und die Sonne in ihr Leben scheinen lassen.

Es gibt heute auch für den kleinen Geldbeutel genügend hervorragende Sparpläne von Aktienfonds, die im Risiko deutlich begrenzt und in der Performance erstaunlich gut sind. Ein Beispiel ist Metzler Wachstum International, Aktienfonds, weltweit anlegend, wo man auch schon mit kleiner monatlicher Sparrate dabei ist.

Für alle, die dem Thema Börse mit grundsätzlich negativen Gefühlen gegenüberstehen, seien hier zwei Bücher empfohlen, die sachlich, gut verständlich und ehrlich mit dem Thema umgehen:

- **„Der Weg zum Börsenerfolg (3)"**
  von Peter Lynch
- **„Der Weg zur finanziellen Freiheit"**
  von Bodo Schäfer

Es ist ganz entscheidend, dass zur Überwindung einer negativen Grundhaltung, wie ich sie so oft angetroffen habe, erst einmal sachliche Information über das Thema vermittelt wird.

Wie sagte Friedhelm Busch neulich auf einem Vortrag über die Zukunft des Aktienmarktes:

„Um richtig zu investieren, brauchen Sie Informationen. Aus Informationen muss Wissen werden. Denn wer nichts weiß, muss alles glauben."

(auch wenn es uralte, verstaubte Ideologien und Vorurteile sind – eigene Anmerkung)

Für mich ist Geld oder Aktiengewinn kein Selbstzweck, sondern ein Gutschein für mehr Freiheit. Wie ich diese Freiheit nutze, liegt bei mir. Sie kann in einer Verkürzung der Arbeitszeit, in der Ermöglichung einer besseren Ausbildung für die Kinder oder auch einfach in der Absicherung des Lebensabends bestehen.

Nicht das Geld ist verwerflich, sondern erst durch den Einsatz für positive oder negative Ziele bekommt es seinen spezifischen Wert.

Dabei haben meine Visionen, meine Ziele einen direkten Bezug zu meinem Anlageverhalten:

> „Meine Erwartungen bestimmen, was ich erhalte!"
> Bodo Schäfer

Konkret:

Wäre mein Ziel gewesen, unseren „Oldtimer" – das ist eine wohlwollende Umschreibung für unser 13 Jahre altes Gefährt – zu ersetzen oder unserem Haus einen neuen Anstrich zu gönnen (was durch den wunderschönen Bewuchs mit wildem Wein nun nicht mehr so dringend ist), hätte ich meine Aktien schon längst verkauft und das Geld ausgegeben.

Da ich nun aber sehr skeptisch bin, was meine spätere Rente betrifft, habe ich ein etwas größeres Ziel vor Augen und will in erster Linie dieses Ziel erreichen. Das bewahrt mich vor zu frühen Gewinnmitnahmen, unnötigen Anschaffungen und auch vor leichtsinnigen Geldausgaben.

Von der Zeichnung zum Crash

Die erste Zeichnung

Pfingsten '98 verbrachten wir auf Mallorca, und eines Abends sahen wir zufällig im Fernseher im Eingangsbereich des Hotels, wie zwei Firmen ganz neu an die Börse gehen wollten und für ihre Aktie warben:

Lothar Späth mit *Jenoptik* und Erich Lejeune mit
ce CONSUMER ELECTRONIC

Sofort war unser Interesse geweckt; die Werbung erreichte bei uns, wozu sie gedacht war: Wir wollten dabei sein. Besonders Erich Lejeune fanden wir faszinierend, seine Begeisterung und sein offensichtliches Engagement für seine Arbeit sprangen auf uns über, und uns war klar: In diese Firma investieren wir. Wir zeichneten telefonisch von Mallorca aus.

Inzwischen wussten wir, dass mit „Zeichnung" weniger die künstlerische Gestaltung als vielmehr die Vorbestellung neuer Aktien, die demnächst an der Börse eingeführt werden, gemeint war.

Zu Hause angekommen, erfuhren wir, dass wir keine Zuteilung bekommen hatten. Die Aktien waren so begehrt, dass wesentlich mehr Zeichnungsaufträge eingegangen waren, als Aktien vergeben werden konnten! Also warteten wir auf den ersten Börsentag, um sie regulär über die Börse zu kaufen. Natürlich kauften wir am Gipfel!

Wir mussten in den nächsten Wochen mit ansehen, wie sich der Kurs langsam, aber stetig auf Talfahrt begab. Diejenigen Leute, die das Glück gehabt hatten, bei der Zeichnung dabei zu sein, sicherten sich ihre üppigen Gewinne. Da wir bisher nur Aufschwung erlebt hatten, wurde uns mulmig zumute, und als sich der Kurs seit dem Einstieg etwa halbiert hatte, verkaufte ich, um weitere Verluste zu vermeiden. Bedrückt sah ich auf meinem Konto nur noch 50 Prozent des Kapitals liegen, das ich vor einigen Wochen noch eingesetzt hatte!

Doch eines war trotz allem für mich klar: Sobald sich die Talsohle abzeichnen würde, wollte ich wieder dabei sein – und so etwa nach zwei weiteren Wochen hatte ich auf Grund des Kurvenverlaufs den Eindruck, dass die Abwärtsbewegung zum Stillstand gekommen war und der Aktienkurs um einen bestimmten Wert herumdümpelte, aber nicht mehr weiter sank. Ich kaufte sie also wieder und war gespannt, ob sich unsere Hoffnungen bewahrheiten würden.

Die Aktie hat zwischendurch atemberaubende Höhen erklommen und hat sich zeitweise seit unserem Einstieg verzehnfacht. Doch natürlich kam auch sie in der 2000er-Baisse nicht ungeschoren davon! Als auch ce CONSUMER den Frühjahrsrutsch 2000 nach unten mitmachte, holten wir uns einige Stücke neu an Bord.

Es war wie im Sommerschlussverkauf!

Was uns noch im Zusammenhang mit dieser Aktie auffiel: Sie wurde anfangs in Börsenheften entweder ganz ignoriert oder, falls überhaupt irgendwelche Kommentare zu hören waren, klangen sie häufig abwinkend und abratend. Ich hatte den Eindruck, dass die Börsenprofis nicht so recht wussten, wie sie die Firma bzw. die Aktie einschätzen sollten. Hier kamen mir einfach meine Unerfahrenheit und Unbekümmertheit in diesem Geschäft zugute: Mich kümmerten weder Analystenmeinungen noch Börsengurus; ich war begeistert von der Idee der chip-exchange, von der Handelsplattform, die *ce* bot. Ich konnte mir auch gut vorstellen, welche Signalwirkung dieses Handeln im Internet (eigentlich reines B2B zu einer Zeit, als noch kein Mensch über B2B sprach…) und welche tollen Erweiterungsmöglichkeiten diese Idee in sich barg. Von daher war ich nie in der Versuchung – in der allgemeinen Verkaufspanik 2000/2001 – zu verkaufen. Wann immer ich irgendetwas über die Firma lesen konnte, griff ich die Informationen begierig auf. So erfuhr ich immer mehr über die Mitarbeiterführung, die Visionen und den Elan der Mannschaft. Was mich nur wunderte, war, dass der Kurs seinen Anstieg stetig fortsetzte, obwohl doch so manches Börsenblatt sie für überbewertet hielt.

So entdeckten wir zum ersten Mal ein neues Prinzip:

Vertraue deiner eigenen Überzeugung!

Die eBay-Story

Und noch einmal habe ich ganz krass erfahren, wie wichtig es ist, nicht allen anderen mehr zu vertrauen als seinem eigenen Beurteilungsvermögen: Es war in der Stadtbücherei, als ich in der Wirtschaftswoche auf einen kurzen Hinweis auf bevorstehende Neuemissionen in den USA stieß. Was mir dabei besonders ins Auge fiel, war eine kleine Firma mit damals ca. 100 Mitarbeitern, die folgendermaßen begonnen hatte: Die Freundin des Computerfachmannes Pierre Omidyar war leidenschaftliche Sammlerin kleiner PEZ-Boxen, die sie aber sehr gerne mit anderen tauschen wollte, um ihre Sammlung zu erweitern. Doch wo und wie sollte sie an andere PEZ-Interessenten herankommen? Die Idee eines Internetmarktplatzes oder eines virtuellen Flohmarktes war geboren! Welch ein Glück, dass sich Pierre Omidyar gleich an die Umsetzung machte und „eBay“ aus der Taufe hob!

Ich schaute zu Hause sofort im Internet nach, ob die Aktie in Deutschland schon zu erhalten war – denn sie war erst vor ein paar Tagen an die Börse in den USA (Nasdaq) gegangen. In Berlin wurde sie tatsächlich angeboten; der Kurs lag bei (splittbereinigt) 6 Euro. Ich bestellte die Aktie mit einem recht großzügigem Limit – und nach zwei Tagen hatte ich zwei Nachrichten zu verdauen: eine gute und eine schlechte: Die gute zuerst: Der Kurs hatte sich verdoppelt. Die schlechte: Ich hatte die Aktie nicht bekommen (wenig Handelsvolumen)!!

Mein Vertrauen in die Geschäftsidee siegte:

Ich kaufte die Aktie auf diesem „hohen Niveau“ von nunmehr 12 Euro – und wagte es tagelang nicht mehr, auf den Kurs zu schauen. Irgendwann später riskierte ich mal wieder – von riesiger Neugier geplagt – einen Blick auf die Kurstabelle – mich traf der Schlag, als sich die Aktie abermals verdoppelt hatte! Was tun? War dies das Ende der Fahnenstange – oder bahnte sich hier eine tolle Geschäftsidee ihren Weg zum Marktführer? Ich entschied mich, volles Risiko zu fahren, weil ich mir gut vorstellen konnte, dass dieses Geschäftsmodell eine Marktlücke unter Konsumenten schloss.

Mit Vergnügen sah ich der steilen Aufwärtsentwicklung des Kurses zu und freute mich, als blutiger Anfänger solche Gewinne (zumindest auf dem Papier) zu machen!

Doch meine Freude war nicht von langer Dauer: Als ich kurz darauf ein Börsenmagazin aufschlug, entdeckte ich zu meinem Entsetzen meine eBays unter der Rubrik „verkaufen" mit der Begründung, die Bewertung der Aktie sei abenteuerlich hoch und dies sei durch nichts zu rechtfertigen! Bei mir läuteten die Alarmglocken! Sollte ich mich so getäuscht haben?

Für mich war dieses junge Unternehmen, das bereits Gewinne einfuhr, als Langfristinvestment gedacht und ich traute dieser Firma und dem Aktienkurs noch bedeutend mehr zu. Und ich hatte den Eindruck, die Entwicklung würde weitergehen und dieser Marktplatz würde sich noch weiter ausbauen lassen.

In einem Anflug von Panik (hoffentlich kam ich nicht zu spät!) setzte ich mich ans Telefon und verkaufte einen Teil der eBays, mit über 100 Prozent Gewinn zwar, aber wie falsch diese Reaktion war, sieht man an der weiteren Entwicklung:

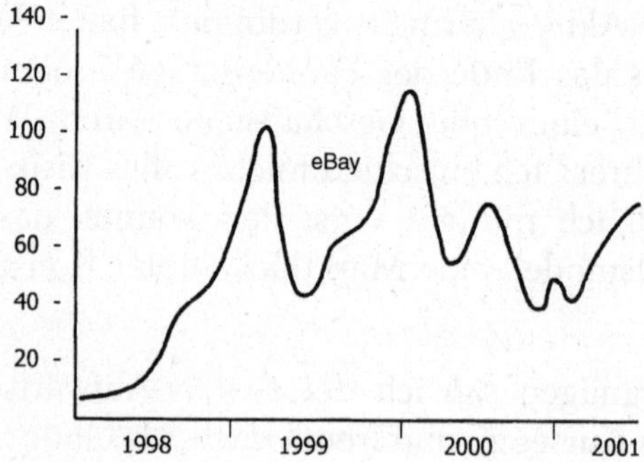

eBay erreichte in ihrem Top im Februar 2000 die Höhe von 126 Euro (also wieder ein 1000-Prozenter!), hat sich im Frühjahrs-Crash gedrittelt und ist nun wieder, wie ich sicher glaube, auf dem Weg zu alten Höhen.

Und so fand ich für mich ein weiteres Prinzip:

Kein Handeln aus Angst heraus!

Und mein Entschluss stand fest:

So schnell wollte ich hier keine Aktie mehr verkaufen, vor allem seit ich selber als Kunde bei eBay handle und das durchdachte Konzept schätzen gelernt habe – und ein Marktführer ist eBay tatsächlich geworden!

Der erste Crash

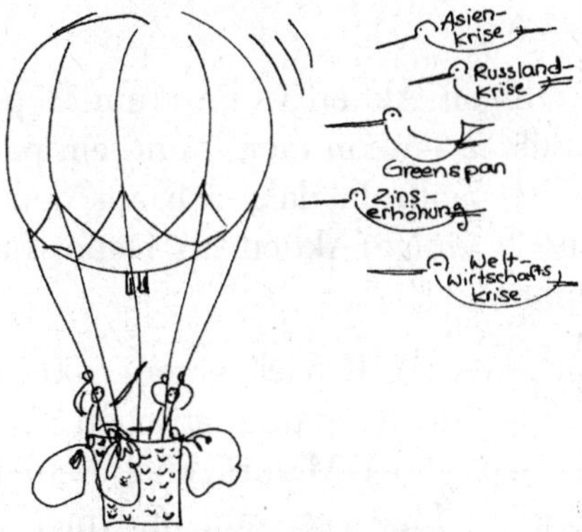

Es war inzwischen Sommer 1998, und wir waren voll im „Sommerloch“ – es war unser erstes, und die Angst packte uns, als in den n-tv-Nachrichten eine Hiobsbotschaft die nächste ablöste:

Russlandkrise, Asienkrise, Weltwirtschaftskrise und Gefahr von Deflation …

Ich kann mich noch gut daran erinnern, dass einmal inmitten dieser Meldungen Michael Mross von n-tv Hilfe suchend seinen zugeschalteten Kollegen aus London fragte: „Kommt von irgendwo ein Lichtlein her?“

In die düstere Stimmung eingebettet und mit der Schreckensvision von 1929 vor Augen (Börsencrash weltweit), die in den Medien immer wieder aufgewärmt wurde, ließ ich mich dazu verleiten, „mein Geld zu sichern“, und ich verkaufte mit gutem Gewinn – aber ich war jetzt eben „draußen“!

Natürlich ging auch dieser Sommercrash irgendwann zu Ende und mündete im Oktober in die fast traditionelle Herbstrallye.

Es gelang einigen Aktien in unserem Depot, meiner Verkaufspanik zu entkommen – und ein paar Monate später war ich heilfroh, dass sich aus den witzigsten Gründen noch einige Aktien im Depot hatten „verstecken" können:

Als ich sah, dass AOL nach einem 100-Prozent-Anstieg auf 250 DM in einen dramatischen Sinkflug überging und bis auf 130 DM zurückfiel, beobachtete ich den Kurs einige Tage gespannt und merkte, dass er nun immer zwischen 130 und 200 DM hin und her pendelte. Vor der Abfahrt in den Urlaub wollte ich „sicherheitshalber" verkaufen und setzte das Limit bis zum Monatsende auf 199 DM.

Nach dem Urlaub machte sich allmählich wieder Zuversicht an der Börse breit, und in einer beispiellosen Rallye zog es die AOLs nach oben; der Kurs vervierfachte sich bis zum kommenden Frühjahr!

Und das Allerschönste: Durch mein enges Limit war ein Verkauf wegen der Differenz von 1 Pfennig nicht zustande gekommen, und die AOLs hatten in meinem Depot die Krise überlebt und bescherten mir einen Supergewinn! Außerdem hatte ich durch einen Aktiensplit einige AOLs gar nicht mehr mitgerechnet, hatte sie also in meinen Verkaufsauftrag gar nicht mit einbezogen – welch ein Glück, wenn sich der Mangel an Ordnungssinn auch einmal positiv auswirkt!!

Die allgemeine Verkaufspanik hatte außerdem bewirkt, dass die Aktionäre und Fondsmanager in großen Mengen auch allerbeste Aktien wie heiße Kartoffeln fallen ließen und verkauften, was das Zeug hielt.

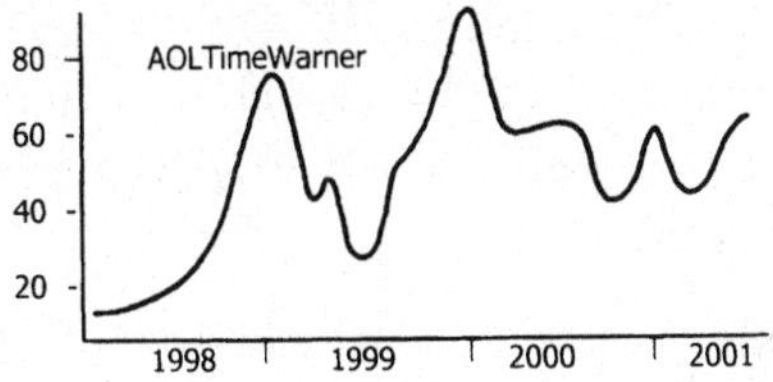

Anmerkung zur AOL-Kurve:
AOL splittete bisher viermal und die noch in DM bezahlten Aktien wurden ab 1999 in Euro notiert. Dadurch entstand die o.a. splittbereinigte Kurve. Der Kauf lag damals also bei 12,50 Euro.

In so einen Verkaufsrutsch muss damals auch mein SAP-Panikverkauf hineingeraten sein, denn trotz großzügigen Limits nach unten konnte ich sie nicht loswerden. Mein Auftrag ging erst nachmittags an der Börse ein, und es kam an diesem Freitag kein Verkauf mehr zustande – welch ein Glück für mich!

Auch das war eine absolut neue Erfahrung für mich: Es ist also möglich, dass eine Aktie an einem Tag nicht verkauft werden kann, weil einfach zu wenig Käufer auf der anderen Seite die Hand aufhalten!

Übers Wochenende änderte ich dann meine Meinung und war froh, die Aktie noch in meinem Depot zu haben. Allmählich kehrte in meine Gedanken und in die Börse wieder die Vernunft ein, und die SAP gehörte bald wieder zu den Gewinnern.

Indikatoren

Börsenfreunde

Mit der Zeit merkte ich, dass es Zusammenhänge zwischen dem Verhalten mancher Leute und dem Börsengeschehen gab.

So wie man Zusammenhänge zwischen Zinserhöhungen und Aktienmarkt herstellen und Trends erahnen kann, so fand ich, dass das Verhalten mancher Börsenfreunde in erstaunlicher Präzision mit dem Aktienmarkt korrelierte. Das erste Mal wurde ich darauf aufmerksam, als mir auffiel, dass einer unserer Bekannten, ein begeisterter „stockpicker", mit traumwandlerischer Sicherheit diejenigen Werte herauspickte, die anschließend nur noch eine Richtung kannten: gen Süden.

Im Normalfall halbierten sich die Werte innerhalb der nächsten Wochen, einige hatten sich gezehntelt und kamen auch in guten Börsenphasen nicht wieder auf die Beine. Ich hatte mir also angewöhnt, genau auf seine Äußerungen und Einschätzungen zu achten, und fing an, mich danach zu richten, indem ich ziemlich genau das Gegenteil tat. Weil er aber jeweils ganz überzeugt davon war, einen echten Knaller herausgefunden zu haben, war er durch nichts zu verunsichern.

Am Anfang hatte ich in voller Unwissenheit einen seiner Favoriten aufgegriffen und nahm diesen Wert bei

8 Euro ins Depot, nachdem er von über 12 Euro heruntergekommen war. Nach ein paar Wochen Dümpeln um diese Marke herum begann die Aktie ihren Sinkflug. Von Stopp-loss-Kursen war ich nicht so ganz begeistert, also setzte ich mir nach unten auch kein Limit, immer hoffnungs- und erwartungsvoll auf einen bald einsetzenden Höhenflug der Aktie wartend, der aber nie kam, weder in guten und erst recht nicht in schwachen Börsenphasen! Ich habe sie entnervt bei ca. 4 Euro aus dem Depot geworfen – zum Glück, denn bis heute hat sie sich noch einmal halbiert!

Ein anderer Wert, Baan, begab sich ebenfalls nach seinem Einkauf auf eine Reise „downtown“ und tauchte nie wieder in den früher gewohnten Höhen auf.

Der Sabine-Indikator ist von ganz anderer Art: Eine Freundin, voll in Aktien investiert – mancher Banker würde sagen, hochriskant –, aber mit super Performance und echter Nase für interessante Zukunftswerte, verfolgt praktisch täglich das Auf und Ab der Werte und reagiert emotional sehr stark auf die Entwicklung.

In ihrer spontanen Art bekomme ich ihre Ausbrüche am Telefon mit. Ziemlich zeitgenau trifft sie die Übertreibungen der Märkte, und entsprechend ist ihre euphorische Reaktion z.B. nach langen Kursanstiegen.

In dem Moment, wenn am Telefon die Begeisterung in den Worten: „Ich bin ja so glücklich“ gipfelt, kann man anfangen, seine Positionen abzubauen – es dauert nicht mehr lange bis zum Crash. In der umgekehrten Richtung funktioniert das aber genauso: Wenn sie anfängt, sich über Umschichtungen in Rentenwerte

Gedanken zu machen, sollte man sich sputen, Aktien zu kaufen, denn die Rallye steht vor der Tür.

Ein weiterer Indikator bin ich selbst. Ich habe beobachtet, dass ich ein sehr geduldiger Aussitzer bei Werten bin, von denen ich überzeugt bin. Wenn ich aber nach vielen Monaten entnervt bin, weil eine Aktie sich nicht von der Stelle bewegt und ich bereit bin, endlich auszusteigen, um interessantere Investments zu suchen, kann ich sicher sein, dass es keine Woche mehr dauert, bis sich die Aktie in Bewegung setzt und ich mal wieder das Nachsehen habe, weil ich ja kurz vorher verkauft habe.

Kostolany nennt das „zittrige Hände" haben.

Es ist mir sogar einmal gelungen, genau eine halbe Stunde vor der Rallye zu verkaufen: Im November 1999 gab ich einen Teil meiner Werte wie oracle und cmgi nach einem halben Jahr entnervt ab, und als ich eine Zeit später in meinem Internetdepot nachsehen wollte, zu welchem Kurs ich sie verkauft habe, traf mich fast der Schlag: Sie hatten in dieser Zeit 20 Prozent zugelegt und vervierfachten sich in Folge!

Inzwischen bin ich auch nicht mehr beleidigt, wenn mich ein Bekannter vor einem Aktienengagement fragt, ob ich demnächst verkaufen wolle – für ihn ein unfehlbarer Hinweis, dass der Zeitpunkt zum Einstieg gekommen war.

Eine andere Börsenfreundin hatte die Fähigkeit, unbedeutende, absolute Nebenwerte und „Nichtmarktführer" ohne Pep zu kaufen und sie liegen zu lassen, frei nach Kostolanys Ratschlag:

Kaufen, Schlaftablette schlucken, irgendwann aufwachen und mit Freuden verkaufen …

Dieser Ratschlag hat etwas für sich bei bestimmten Marktführern. Man kann Coca-Cola oder General Electric durchaus in dieser Art und Weise liegen lassen und wird sich nach Jahren über tolle Gewinne freuen – aber nicht bei zyklischen und autoabhängigen Werten oder Möchtegern-SAPs wie Baan. Baan war damals eine heiße Bankempfehlung mit dem Argument, der Marktführer SAP habe seine Entwicklung bereits hinter sich, die Nummer 2 (Baan) habe aber noch beträchtliches Aufholpotenzial!

Ich kann diese Sprüche und Begründungen bald nicht mehr hören, denn ich frage mich, warum eine Aktie noch Aufholpotenzial hat und nicht mit allen anderen am Kursaufschwung teilgenommen hat. Könnte es sein, dass berechtigte Gründe vorliegen?

Fachleute

Auch Bankempfehlungen können als Kontraindikator gute Dienste leisten:

> „Die fortschreitende Mathematisierung macht es möglich, dass man sich viel genauer irren kann."
>
> Rolf H. Ruhleder

Beispiel Tiptel:

Ein guter Freund war nach einer Bankempfehlung bei Tiptel eingestiegen und hatte mit dieser Aktie sehr viel Geld verloren – sie hängt heute noch in den Seilen bei 5 bis 7 Euro, der Chart ist ein Trauerspiel:

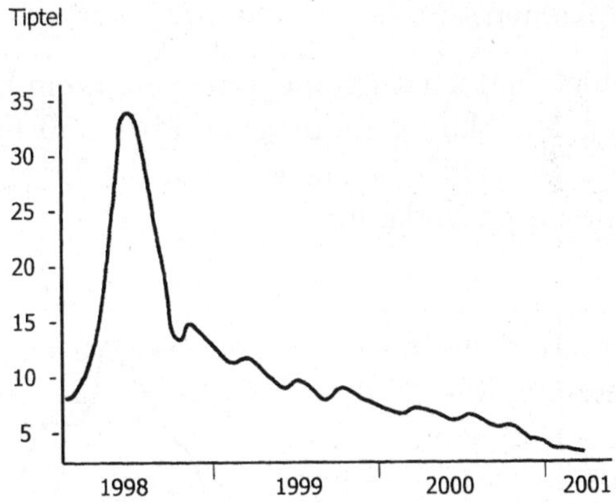

Der „heiße Tipp" der Bank wurde um die 30 Euro herum ausgesprochen!

Beispiel Mannesmann:

Desgleichen bei Mannesmann: Ich hatte die Aktie gekauft bei ca. 90 Euro, und ich war vom Management und der Art und Weise, wie in der Firma gearbeitet wurde, überzeugt.

Der DIN-A-4-Anschlag an der Eingangstür zur Bankfiliale gab eines Tages bekannt, die Aktie Mannesmann sei unterzugewichten (bei einem Kurs damals von 143 Euro!), was einer Verkaufsempfehlung gleichkommt.

Verunsichert suchte ich nach Meldungen und Hinweisen, ob sich irgendetwas in der Firma oder an den Aussichten verändert habe – und konnte nichts Überzeugendes finden. Wollte etwa eine Bank Mannesmänner billig einkaufen?

Zum Glück ließ ich mich nicht beirren, denn kurz darauf stieg die Aktie geradlinig auf über 350 Euro an, am Ende zusätzlich beflügelt durch die Übernahmephantasie durch Vodafone.

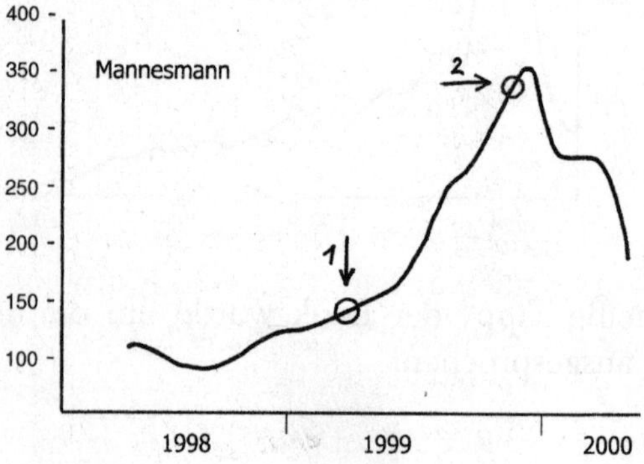

Pfeil 1: Verkaufsempfehlung der Bank
Pfeil 2: Verkauf ca. 6 Monate später!

Beispiel SAP:

Außerdem erlebte ich, mit welch haarsträubenden Begründungen mir von einem Wertpapierspezialisten auf einer entsprechenden Veranstaltung von bestimmten Aktien ganz unbedingt abgeraten wurde. Ich hatte ihn direkt auf SAP hin angesprochen und mich gewundert, warum sie auf seiner Empfehlungsliste von DAX-Titeln nicht auftauchte.

Adidas-Salomon
BASF
Bayer
...
Henkel
...
Linde
...

Hintergrund war, dass er als Mitarbeiter der Bank mit einem SAP-Angestellten zu tun hatte, der ihm beschrieben hatte, wie zeitaufwendig die Installation der SAP-Software sei und welche Umstellung im gesamten Bürobereich damit verbunden sei. Seine Schlussfolgerung war nun, dass eine Firma, die seiner Meinung nach so umständlich arbeitete, vermutlich wenig Zukunftsaussichten habe.

Auch später hörte ich immer wieder Einwände, warum SAP den größten Anstieg bereits hinter sich habe – ich habe es nie geglaubt. Als bekannt wurde, dass die Firma wohl den Einstieg ins Internet verschlafen hat, segelte die Aktie deutlich gegen Süden. Es gab damals noch so manch andere große Firma, die mit dem Internet nicht viel anfangen konnte – eine gute Firma aber zeichnet sich dadurch aus, dass Fehler und Versäumnisse eingestanden und behoben werden.

Und genau das schaffte SAP mit einem tollen Produkt („my-sap.com“) und hat nun viel Terrain wieder aufgeholt.

Immer wieder habe ich so genannte Insidermeinungen gehört – auch von Leuten, die als Mitarbeiter eigentlich den besten Einblick haben müssten – und ich habe mit Kostolany eigentlich immer gefunden, dass Insidermeinungen als Kontraindikatoren zu werten sind!

> „Ruin kann drei Ursachen haben: Frauen, Wetten oder den Rat von Fachleuten.“
>
> Georges Pompidou

Nach negativen Aussagen konnte ich jedes Mal beruhigt ans Telefon gehen und diese Aktie ordern – bisher habe ich sehr profitiert von diesem Indikator, er ist tatsächlich zuverlässig.

Was Börsenhefte und Zeitschriften angeht, kommt mir manchmal besonders bei ausgefallenen Aktienempfehlungen der Verdacht, dass manche Aktien einfach mal kurz hoch gepuscht werden sollen, damit irgendeiner günstig aussteigen kann. Wie anders kann es sein, wenn kurz nach Empfehlungen und Kurszielanhebung die Aktie hochspringt, nur um dann umso tiefer zu fallen – ohne besondere Firmenmeldungen?

> „Analysten sind der verlängerte Arm der Marketingabteilungen.“
>
> „Die Welt“ vom 19.10.2000

So ging es mit CineMedia, eine Aktie aus dem Entertainmentbereich: Sie dümpelte um 40 und 50 Euro, hüpfte eines Tages plötzlich auf 60 Euro:

Genau an dem Tag, als sich die CineMedia-Aktie auf 60 Euro hochgeschraubt hatte, tauchte in einer Veröffentlichung einer Bank das neue Kursziel von 120 Euro auf! Bereits am Tag darauf setzte der Absturz ein!

Ein Schelm, wer Böses dabei denkt!?

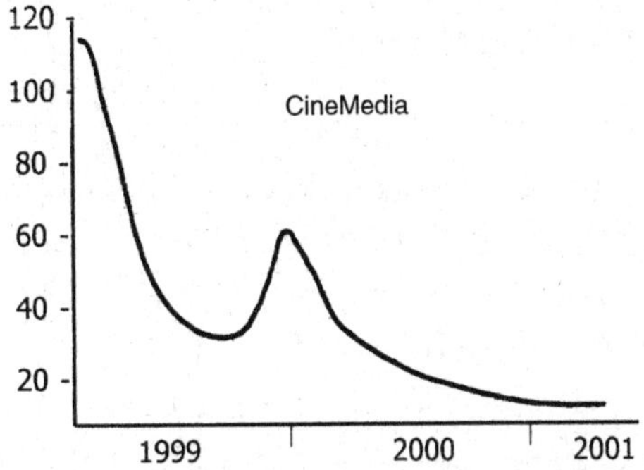

Und wieder einmal gilt:

Ein gesundes Misstrauen erhöht deutlich Ihre Chancen an der Börse!

Schulen Sie Ihre Kritikfähigkeit und Ihr Unterscheidungsvermögen! Bilden Sie sich eine eigene Meinung!

Den Horizont erweitern

Meine Seminare

Das Thema Aktien nahm anfangs viel Zeit in Anspruch – ich wollte mehr darüber wissen, und zu den Unmengen an schriftlichen Börseninformationen kamen Seminare und Vorträge.

Bodo Schäfer: Der Weg zur finanziellen Freiheit

Ein ganz grundlegendes Ein-Tages-Seminar war für mich „Der Weg zur finanziellen Freiheit“ von Bodo Schäfer (Deutschlands Money-Coach No. 1).

Zusammen mit einer ganz vorsichtigen und misstrauischen Freundin („mal sehen, wie der uns das Geld aus der Tasche ziehen will!“) wagte ich mich zu dieser Veranstaltung.

Es war die erste in dieser Art, und wir waren als absolute Anfänger und Ignoranten vermutlich schnell ausgemacht, denn ich war mal wieder im lockeren Strandlook dorthin gepilgert, während um mich herum eher Businesslook und schwarzgrauer Tweed die Szene dominierten. Wir eroberten einen der vorderen Plätze und harrten der Dinge, die da kommen sollten. Doch auf einen triumphalen Einmarsch des Redners mit Musik und Riesenapplaus waren wir nicht gefasst. Wir waren doch wohl nicht in einer amerikanischen Show gelandet?

Unsere anfängliche Skepsis konnten wir bald ad acta legen: Bodo Schäfer lieferte ein Ideenfeuerwerk über Stunden hinweg, das uns begeisterte. Da ich es mir angewöhnt hatte, bei Vorträgen grundsätzlich mitzuschreiben (juhu – meine Stenokenntnisse werden ausgegraben!), habe ich im Nachhinein vieles Stück für Stück durcharbeiten und wirklich umsetzen können.

Ich habe dieses Seminar als grundlegend und inhaltlich sehr informativ und motivierend empfunden. Ich kenne Leute, die auf Grund dieser Basisinformationen ihre gesamten finanziellen Mittel neu geordnet haben und aus einem jahrelangen, planlosen Finanzchaos herausgefunden haben. Es ist ungemein wichtig, sich einmal ausführlich mit Finanzen zu beschäftigen, das Ganze selber in die Hand zu nehmen und sich nicht mehr nur auf Banken oder Experten zu verlassen!

Ich kenne auch die Kritik, die in den Medien an diesem Seminar geübt wurde. Nicht nur, dass in manchen Berichten unverhohlen Neid und Missgunst zum Ausdruck kommen und durch jedes Knopfloch schimmern. Als löblicher Gegensatz wird das Schicksal des Arbeiters, der im Schweiße seines Angesichts unter schwierigsten Bedingungen am Arbeitsplatz seine Brötchen hart verdienen muss, gegenübergestellt, auf dessen Kosten „spekuliert“ wird. Dieser künstliche Gegensatz existiert in meiner näheren Umgebung nicht – und ich sitze durchaus nicht im Elfenbeinturm – im Gegenteil.

Gerade der Geringverdiener hat ein großes Interesse und durchaus die Möglichkeit, über den Marktplatz

Börse an der Gewinnentwicklung der Unternehmen teilzuhaben! Wenn er schon tagein, tagaus dem Unternehmen seine Arbeitskraft zur Verfügung stellt, liegt es doch nur nahe, sich auch mittels Aktien daran zu beteiligen!

In mir keimt manchmal beim Lesen derartiger Artikel der Verdacht auf, dass eine allgemeine Besserstellung der Bürger und damit eine größere Unabhängigkeit vielleicht gar nicht so sehr erwünscht sind.

Folgende Argumente gegen Schäfers Strategien habe ich bisher angetroffen:

- Hier redet sich einer reich mit Pauschalweisheiten *(Schon mal ausprobiert?)*
- Was wäre, wenn das jeder probieren würde… *(Hoffentlich!!)*
- Wenn einer reicher wird, wird ein anderer ärmer *(Haben wir einen geschlossenen Geldkreislauf?)*
- Hier wird suggeriert, dass jeder Millionär werden kann *(Reicher werden kann jeder durch Optimierung seiner Finanzen, warum sollte man das verhindern wollen?)*
- Geld wird in den Mittelpunkt gestellt*! (Ja, für eine bestimmte Zeit, um seine Finanzen zu ordnen, bevor sie sich durch akuten Mangel von selber in den Mittelpunkt schieben!)*

Außerdem wurde immer wieder der „typisch amerikanische Stil“ der Veranstaltungen kritisiert – warum ist eigentlich immer alles von vorne herein negativ abgestempelt, was amerikanisch aussieht – sollte nicht auch hier Toleranz gelten?

Egal, wie auch immer ein Seminar aufgezogen wird – ich halte mich für flexibel genug, jedem Moderator seine eigene Art und Weise und seinen Stil zu lassen. Was für mich zählt, ist der Inhalt, die Umsetzbarkeit im Alltag. Doch was mich sehr beeindruckt hat, ist die Bedeutung der inneren Haltung zu diesem Thema.

Denke ich, dass Geld ein notwendiges Übel, schmutzig und der seelischen Hygiene abträglich ist, dass man am besten nicht darüber spricht und demütig danach strebt, nicht allzu viel davon zu besitzen? Und wie ist das mit dem biblischen „Bild“ von einem Kamel, das viel eher durch das Nadelöhr geht, als ein Reicher ins Himmelreich gelangt?

Davon abgesehen, dass Hinweise ausgeblendet werden, wonach – auch in der Bibel! – Reichtum eine Wohltat für einen selber und andere darstellt und viele Gestaltungsmöglichkeiten eröffnet – sollten wir uns dieses Bild doch etwas genauer betrachten. Zu biblischen Zeiten und noch früher, als der nächtliche Schutz der Stadtbewohner von der Stärke und Sicherheit der Stadtmauern abhing, wurden abends regelmäßig die großen Stadttore geschlossen und mit Wächtern auf den Türmen besetzt. Wenn nun ein nächtlicher Wanderer oder Händler mit voll bepackten Kamelen ans Stadttor klopfte und Einlass begehrte, musste er durch ein niedriges Nebentor (manche Ausleger sagen, eins dieser niedrigen Seitentore in Jerusalem wurde Nadelöhr genannt) der Stadtmauer eintreten, dem voll bepackten Kamel (Reichtum!) aber war ein normales Durchkommen nicht möglich. Wer schon einmal ein Kamel (ein echtes…!) von nahem gesehen hat, weiß, dass diese Tiere sehr lange Beine haben, was in den heißen Wüstengegenden auch seinen Sinn hat. Es gab also nur eine Möglichkeit: Das Kamel musste auf den Knieen rutschend durch das niedrige Tor.

Damit ist doch klar ausgesagt, dass nicht das Gepäck des Menschen, der Reichtum, der Besitz, ein negatives Merkmal bzw. ein Ausschlussgrund für das Himmelreich sind – sowenig wie Armut ein Berechtigungsschein für das Himmelreich darstellt –, sondern die Haltung. Wer auf Grund seines Reichtums stolz und überheblich wird und die Dinge von oben herab behandelt, wird so nicht durch das Tor kommen. Wer aber „absteigt vom hohen Ross", unabhängig ist von seinem Gepäck und Reichtum und sich nicht zu Überheblichkeit und Hochmut anderen gegenüber verleiten lässt, findet den Durchlass in die Stadt mit allem, was zu ihm gehört.

Wie bei allen Themen werden Sie bei genauerem Hinsehen Argumente finden, die gegen oder für eine Tatsache sprechen. Sollten Sie bei dem Gedanken an Geldanlage negative Einstellungen bei sich entdecken, gehen Sie dem nach und versuchen Sie, sachliche Entscheidungshilfen auf der Basis ihrer persönlichen Weltanschauung/Ideologie/Religion zu finden (siehe Buchempfehlungen im Schlussteil).

Wenn Sie merken, dass Sie sich mit diesem Thema trotz allem nicht wohl fühlen, lassen Sie die Aktienanlage sein. Denn ein mit Widerwillen oder Misstrauen eingegangenes Aktienengagement wird sich nicht positiv auswirken.

Wichtig ist, dass Sie von Ihrer Anlage überzeugt sind und dahinter stehen. Denn nur dann werden Sie in der Lage sein, Sommerlöcher und Baissen durchzustehen und trotz allem gut zu schlafen.

Benchmark – Veranstaltung in Nürnberg/Messe

Einen ganzen Blumenstrauß von Anlagethemen haben Sie bei den jährlichen Veranstaltungen der Firma Benchmark, die als Vermittler von Fonds auftritt. Ich habe dieses Tagesseminar im letzten Jahr kennen gelernt und will Ihnen einen kurzen Überblick über die angebotenen Themen geben:

- Markus Koch, Journalist von der Wall Street, berichtete über amerikanische Firmen,
- ein Japankenner, der neun Jahre lang in Tokio für Japanfonds zuständig war, gab einen Einblick in asiatische Firmenkultur und Märkte,
- Karl Fickel, der bisher v.a. junge Firmen aus dem Neuen-Markt-Segment beobachtete und einen entsprechenden Fonds managte, berichtete über seine Strategie der Aktienauswahl.

Es war eine gekonnte Zusammenstellung von Informationen und Eindrücken und hervorragend geeignet, Trends mitzubekommen und Anlagestrategien von Profis kennen zu lernen.

Börsenreisen der Investorworld-Gruppe (www.investornet.de)

Die weiter hinten im Buch beschriebene New-York-Reise war eine Veranstaltung von Investorworld, einer Börsen-Informationsgruppe, der man kostenlos als Mitglied beitreten kann und von der man mit monatlichen Anleger-Magazinen beliefert wird.

Vortragsabende der örtlichen Banken und Sparkassen

Auch hier habe ich kaum einen Vortrag ausgelassen. Sie haben die Gelegenheit, mit anderen Anlegern ins Gespräch zu kommen und einfach mal zu hören, wie von Bankseite die aktuelle Lage gesehen und eingeschätzt wird.

Eine Situation im Anschluss an eine solche Info-Veranstaltung in der Kreissparkasse ist mir noch besonders gut im Gedächtnis. Ich war damals gerade mal zwei Monate lang mit Aktien zugange und überaus dankbar für jeden noch so kleinen Hinweis auf empfehlenswerte Aktien aus dem Munde von erfahreneren Börsianern. Ein junger Mann, dessen magerer Haarbesatz sicher im krassen Gegensatz stand zu seinen Aktiengewinnen und der sich während der Diskussion im Plenum als profunder Optionsscheinkenner geoutet hatte, hing über einem in der Aula aufgestellten Bildschirm. Ich schlich mich näher heran, ehrfurchtsvoll und voller Neugier, was diesen Schnäppchenjäger so an den Monitor gefesselt hatte. Er war umringt von anderen Seminarteilnehmern, und zwischen den Köpfen hindurch konnte ich den Aktienverlauf der Commerzbank erkennen.

Mit eingezogenen 200-Tagelinien und Widerstandszonen wurde herumgerätselt, ob demnächst ein Ausbruch nach oben zu erwarten sei. Ehrfurchtsvoll lauschte ich den Andeutungen und fachkundigen Argumenten, schnappte das Wort „Übernahmephantasie“ auf und dachte bei mir, wenn sich ein Profi so lange und intensiv mit der Commerzbank-Aktie auseinander setzt, muss das doch etwas bedeuten!

Die Woche war noch nicht zu Ende, da lag die Commerzbankaktie in meinem Depot. Zwar hatte ich keinerlei Ahnung, was von ihr zu erwarten war, doch soviel hatte ich schon gelernt, wenn das Wort Übernahmephantasie auftaucht, ist ein Kursgewinn bei der übernommenen Firma so gut wie sicher!!

Es kam, wie es kommen musste – monatelang dümpelte die Aktie mit kleinen Zuckungen nach oben und unten in meinem Depot herum, Herr Kohlhausen von der Commerzbank dachte ja gar nicht daran, sich übernehmen zu lassen!

Also, außer Spesen nichts gewesen und raus aus der Aktie. Und die Moral von der Geschicht? Glaub 'nem *Chartisten* nicht!!

Messen

Einen großen Überblick über die Angebote auf dem Finanzsektor konnte ich auf den jährlich oder sogar öfters durchgeführten Anlegermessen erhalten. So bin ich z.B. mit den Gründern des Hannover Aktienclubs HAC in Verbindung gekommen und habe viel über deren Anlagestrategie erfahren, ein anderes Mal vertiefte ich mich in ein ausführliches Gespräch mit Max Otte von investor-village – (siehe Buchempfehlung auf den letzten Seiten) – und freute mich, dass auch er Anleger ermunterte, sich auf sich selber und immer weniger auf „Experten“ in der Aktienanlage zu verlassen! Diese Begegnungen waren eine tolle Bereicherung!

Bei all diesen Weiterbildungen gilt:

Hören Sie alles, aber bilden Sie sich immer ihre eigene Meinung!

New York

September 1999 – eine kleine Anzeige in „investorworld“, dem für Mitglieder kostenlosen Anlegermagazin:

5 Tage New York, mit Besuch der NYSE (**N**ew **Y**ork **s**tock **e**xchange) und Seminaren rund um den amerikanischen Aktienmarkt mit Unterbringung im Herzen von Manhattan, am Broadway!

Diese Anzeige ließ mich nicht mehr los. Ein kurzer Anruf bei meiner Freundin, und die Sache war klar – wir zwei würden die Wall Street besuchen, am Puls der Finanzmärkte den neuesten Trend aufspüren und live an der Weltleitbörse das Geschehen beobachten!

Also schnell die Anmeldeunterlagen angefordert und ausgefüllt, und dann zählte ich die Wochen bis zur Abreise!

Herrlich, wenn man einen Mann zu Hause hat, der so eine Reise durchaus nicht als Luxus, sondern als selbstverständliche Fortbildung auf dem Finanzsektor einordnet. Wir haben da eine tolle Lösung für uns gefunden, was die Sache mit den Aktien angeht. Er ist für die Beschaffung des Einkommens zuständig, ich für dessen Vermehrung! Wir sind mit dieser Aufteilung hervorragend gefahren!

Vielen sehr glücklichen Umständen und Zufällen habe ich es zu verdanken, dass ich das Flugzeug nach New York ab Frankfurt noch erwischte. Die Buchung der Anschlussflüge war denkbar knapp, und nur weil eine Stewardess ein Einsehen hatte und mich zwei Stunden vor meinem gebuchten Flug von Stuttgart nach Frankfurt in einen früheren Flieger einsteigen ließ, reichte es mir noch, zur boarding time in Frankfurt einzutreffen.

Da wir die anderen Reiseteilnehmer nicht kannten und daher nicht wussten, wer zu unserer Gruppe gehörte, hielten wir nach verdächtigen Utensilien wie „Handelsblatt“ oder „Börse online“ Ausschau und wetteten, wer wohl dazugehören könnte.

Ganz falsch hatten wir nicht gelegen, als sich die Gruppe am New Yorker Flughafen formierte, und jeder war wirklich sehr gespannt auf das, was vor ihm lag. Von unserem Hotel am Broadway aus starteten wir morgens zunächst bei „starbucks“ mit herrlichem, frisch aufgebrühten Kaffee in allen denkbaren Sorten und mit den unentbehrlichen bagels in den Tag. Es ist schon toll, wie sich diese Einrichtung ihren Platz im amerikanischen Alltag erobert hat – eine interessante Aktie außerdem!

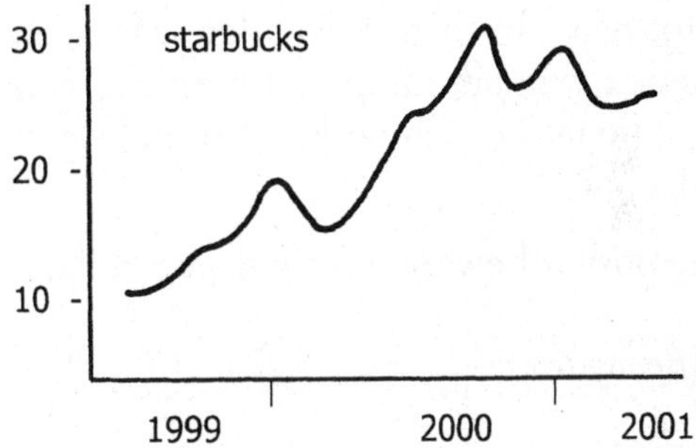

Ich kann im Nachhinein nicht sagen, was spannender war: die Gespräche mit den anderen Anlegern und deren Erfahrungen oder die hochinteressanten Seminare, die von Hornblower-Fischer in den Räumen der Chase Manhattan hoch oben im 60. Stock abgehalten wurden!

Der Besuch an der NYSE auf der Besucherrampe mit Blick in den Handelssaal war umwerfend! Auch der Besuch des trading floors der Commerzbank in der Nähe zeigte uns, wie unsere orders, daheim am PC über comdirect aufgegeben, hier landeten und weitergeleitet wurden! Die abgeschirmten Räume der Analysten vermittelten den Eindruck geschützter und unzugänglicher Festungen!

Ein besonderes highlight stellten ein Vortrag und anschließende Frage-Antwort-Stunde mit dem für High-tech zuständigen Analysten dar! Besonders Amazon war zu der Zeit bei den Analysten in Ungnade gefallen, weil Chef Bezos zwar den Umsatz, durch seine Ausweitung der Marktanteile aber auch die Verluste steigerte und Gewinne in der nächsten Zeit nicht in Sicht waren. Die Geduld der Analysten war sichtbar überstrapaziert. In den folgenden Monaten konnte man erleben, wie auf ihren Rat hin viele Fondsmanager die Aktie tatsächlich verkauften und sie ihr Jahrestief wieder sah.

Einhellig positiv bewerteten sie dagegen Papiere wie

- *Sun Microsystems*
- *EMC*
- *Cisco systems*
- *Double Click*
- *Oracle*
- *Siebel Systems*

Eine gute Grundlage wurde auch in den Seminaren von Hornblower-Fischer gelegt: Jürgen Nowacki und

Ellen Sullivan führten in die technische Analyse ein und zeigten anhand von vielen typischen Chartverläufen Regelmäßigkeiten auf.

Die **Charttechnik** hatte bisher immer den Eindruck einer Geheimwissenschaft bei mir hinterlassen und durch diese Einführungen wurde das Ganze entmystifiziert. Ich entschloss mich, zumindest auf leicht erkennbare Muster im Aktienverlauf wie Umkehrformationen, Schulter-Kopf-Schulter-Formationen oder Bänder und Wimpel mehr zu achten. Obwohl ich der Charttechnik weniger Gewicht einräumte als den fundamentalen Analysen, ist mir doch klar, dass die Chartanalyse Recht bekommt, wenn sich viele Anleger/Fondsmanager an ihr orientieren – „sich selbst erfüllende Prophezeiung" nennt man das wohl. Kurvenverlauf sehe ich sehr gerne, es ist eine W-Formation und entsteht, wenn eine Aktie zwei Mal auf den Tiefkurs auftrifft und wieder nach oben abprallt. Sehr häufig wird damit eine Umkehr in einen Aufwärtstrend eingeleitet.

Wenn eine Aktie immer wieder neue Tiefpunkte markiert und Sie unten schon fast ein Lineal anlegen können, besteht ein eindeutiger Abwärtstrend.

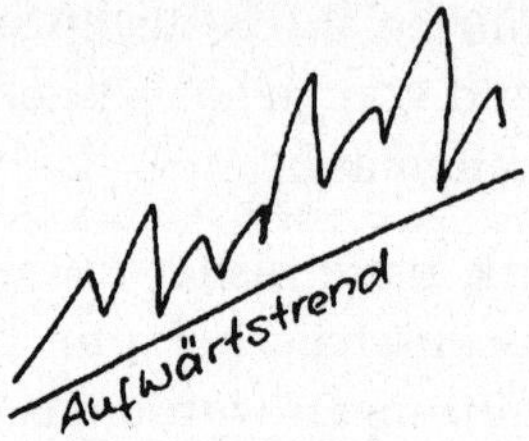

Eine solche Kurve signalisiert in jedem Fall: „Vorsicht, nicht ins fallende Messer greifen“, erst abwarten, bis ein Boden gefunden ist und sich eine Trendumkehr abzeichnet z.B. eine W-Formation sichtbar wird.

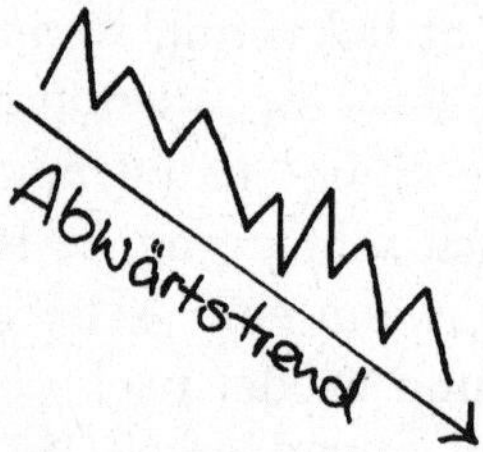

Eindeutig: Hier sind die Bullen los!

Die Schulter-Kopf-Schulter-Formation bedeutet häufig Gefahr eines Abwärtstrends! Die Höchstkurse werden nicht mehr erreicht, die Aktionäre steigen auch bei niedrigeren Kursen aus:

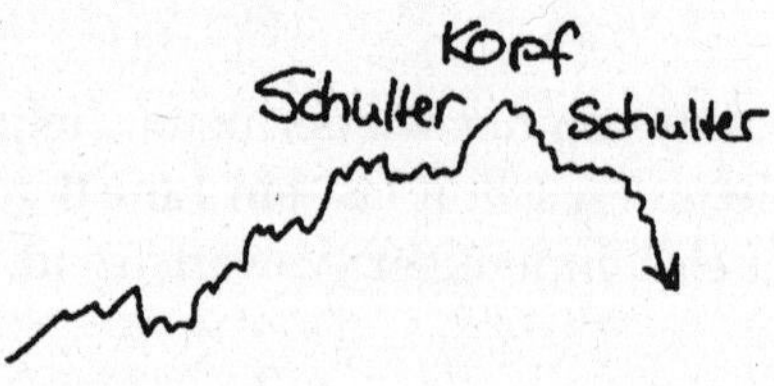

Bildet sich ein Doppel-Top aus, bedeutet das, dass sich an den Höchstständen ein Widerstand zeigt, an dem der Kurs bereits ein zweites Mal abprallt. Jetzt sind die Aktionäre bereit, auch zu tieferen Kursen zu verkaufen – ein Abwärtstrend ist wahrscheinlich.

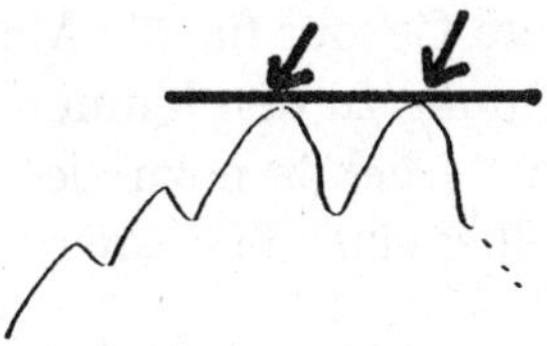

Unterstützungslinien:

Ein Kurs findet bei einer Talfahrt oft an Unterstützungslinien Halt und bildet dort wieder eine Trendumkehr aus. Wird die Unterstützungslinie durchbrochen, ist die Gefahr eines weiteren, massiven Abwärtstrends gegeben.

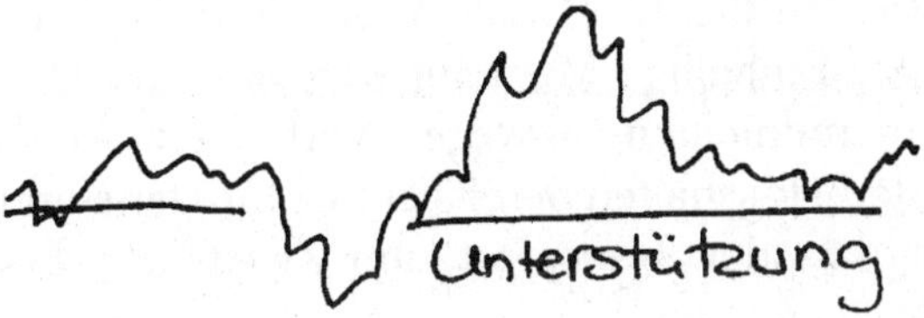

Das Gebiet der Chartanalyse ist riesig und steht häufig im Widerstreit zu den fundamental ausgerichteten Analysten, die ihre Aktienkäufe weniger nach Chartverläufen als vielmehr nach Unternehmensdaten und sonstigen Marktinformationen ausrichten. Es war interessant, in New York auf Vertreter beider Richtungen zu treffen und einfach mal in ihre Fachgebiete etwas hineinzuschnuppern.

Nicht fehlen durfte natürlich ein Abend mit **Markus Koch**, dem wohl allen bekannten Wall-Street-Journalisten. Seine Kommentare und Berichte von der Wall Street – mit gutem Gespür für die Marktsituation und einer klaren Meinung zu den Unmengen von Analystenempfehlungen – gehören zu den grundlegenden Informationsquellen eines Börsianers.

Man spürt, dass er selbst mit Leib und Seele bei der Sache ist und er nicht nachplappert, was an Meldungen auf seinen Tisch kommt, sondern kritisch beleuchtet und bewertet.

Markus Koch interviewte Robert Harrigan, den Managing Director der Chase Manhattan Bank, und obwohl das Gespräch auf Englisch stattfand, hingen wir alle gebannt an den Lippen der beiden: Es ging um die Aussichten der Hardware-Aktien in den kommenden Jahren. Einhellige Meinung war, dass der Hardware-Boom mitnichten deswegen vorbei sei, weil in den meisten Haushalten bereits ein Computer stünde, sondern dass der Trend hin zum Zweit- und Drittgerät gehe!

Aufschlussreich waren auch die Gespräche mit den anderen Teilnehmern der Reise, die von ihren zum großen Teil übereinstimmenden Erfahrungen mit ersten Aktienkäufen und der fast durchweg als sehr unzulänglich empfundenen Beratung der Banken berichteten.

Ein Mann ging sogar so weit, dass er die Empfehlung seiner Hausbank als Kontraindikator bewertete und damit in aller Regel goldrichtig lag! Wenn also auf der Empfehlungsliste der Bank mal wieder Daimler Chrysler oder Commerzbank zu lesen war, beeilte er sich, ans Telefon zu kommen und zu verkaufen – und umgekehrt.

Nun sind natürlich auch die Analysten der Banken keine Sterndeuter oder Propheten; sie tun mit Sicherheit einen guten Job – nur bewirkt den Kursanstieg einer Aktie oftmals eben nicht nur ein ordentliches buchhalterisches Ergebnis.

Interessant sind auch immer wieder Veröffentlichungen, in denen die Abweichungen der Analystenschätzungen zu den tatsächlich gelieferten Ergebnissen und Gewinnen der Firmen genannt werden! Von 10 bis weit über 100 Prozent Abweichung ist da alles drin!

Die Empfehlungen der Banken stützen sich häufig auf Analystengutachten, die sich wiederum oft auch widersprechen. Durch zu gutgläubiges Verhalten haben sehr viele Börsenfreunde – und auch ich – eine Menge falsche Entscheidungen getroffen.

Sammeln Sie Informationen,
wo immer Sie können –
aber glauben Sie nicht alles!

Doch zurück nach New York:

Die Abende waren frei, und das milde Herbstwetter lud ein, sich in den Strom der Menschen auf den übervollen Straßen einzugliedern. Es war problemlos, noch ein bis zwei Stunden vor dem Beginn der Musicals Karten an der Abendkasse zu bekommen – das waren unvergessliche Eindrücke.

Wir besuchten „Chicago" und „Annie, get your gun" in kleinen Broadway-Theatern, eine Jazz-Kneipe, die unbeachtet von den üblichen Touristenströmen in einem unscheinbaren Keller in Harlem lag, und machten einen nächtlichen Ausflug ins Drehrestaurant des Mariott-Hotels am Broadway mit unvergleichlichem Blick auf New York bei Nacht!

Durch den Aufenthalt in New York wurde mir auch die Größe des Aktienmarktes so richtig deutlich. Ich musste immer wieder daran denken, wie manche Börsenkenner die Beziehungen zwischen der amerikanischen und der deutschen Investmentlandschaft beschreiben: Bekommt die Wall Street einen Schnupfen, liegt der deutsche Aktienindex mit Grippe und Lungenentzündung darnieder!

Und wie oft habe ich schon erlebt, dass die Kurse in New York zwar auch gewaltig in den Keller rauschen, aber die Bauchlandung, die der deutsche Markt am Tag darauf vollführt, spottet jeder Beschreibung.

Deshalb lohnt es sich durchaus, die Wall-Street-Tendenz am Nachmittag und Abend zu verfolgen, wenn man vorhat, Aktien zu kaufen oder zu verkaufen. Der Trend greift spätestens am nächsten Tag in voller Breite auf unseren Aktienmarkt über.

Da ich inzwischen sehr viele amerikanische Aktien im Depot habe, ist es für mich selbstverständlich, direkt über ein amerikanisches Brokerhaus zu handeln.

Auch hier spielt sich alles übers Internet ab, ganz ähnlich wie beim Internethandel über eine deutsche Direktbank. Ich agire zu den Öffnungszeiten der New Yorker Börse von 15 Uhr bis 22 Uhr und mit entsprechenden „real-time"-Kursen der NYSE oder Nasdaq, der Börse in New York, an der vor allem Technologieunternehmen gehandelt werden.

Der Vorteil liegt darin, dass vor allem für kleinere Werte an der NYSE oder Nasdaq ein weitaus größeres Handelsvolumen existiert und der Preis fairer ist als an deutschen Börsenplätzen, wo oft zu wenig An- und Verkauf stattfindet und deshalb größere Ausschläge an der Tagesordnung sind.

Durch die ständige Einblendung der aktuellen Aktienkurse mit sekundengenauer Änderung und der Angabe des Handelsvolumens kann ich ein so genaues, enges Limit setzen, wie es bei uns im Parketthandel nie möglich wäre.

Das Ganze macht enormen Spaß und vermittelt das Gefühl, direkt an der Börse in NY dabei zu sein! Der Handel über ein amerikanisches Konto ist nicht schwieriger als der über ein deutsches Internetdepot und lässt sich z.B. über die deutsche Direktbank Consors in Nürnberg bei deren Partner Webstreet Securities einrichten.

Die amerikanischen oder kanadischen Unternehmen schicken mir sogar ihre Geschäftsberichte zu, so dass ich selbst über meine Exoten im Depot immer die aktuellen Informationen bekomme.

Anlegertypen

Der Aussitzer

Im Laufe der Zeit merkte ich, wie sinnvoll es ist, sich über seine Anlegerpsyche klar und sich seiner Neigung bewusst zu werden. So gehörte ich z.B. zu den Langfristanlegern und Aussitzern und begrenzte Verluste immer zu spät, immer hoffend, irgendwann drehe der Kurs. Ich muss inzwischen regelrecht gegen meine Neigung, die Aktien zu halten, ankämpfen und nach Erreichen einer bestimmten Gewinn- oder Verlusthöhe rigoros verkaufen – wobei das Verkaufen mit Sicherheit das Schwierigste am ganzen Aktiengeschäft ist.

Wenn Sie ebenfalls zu den Treuen und den Aussitzern im Börsenvolk gehören, lassen Sie sich immer wieder von einem „gegenteiligen TYP" aufwecken und verkaufen Sie nach einem schönen Gewinn wenigstens einen Teil des Investments.

Meine Freundin Mary hatte sich die Compaq-Aktie ins Depot geholt, als sie bei 18 Euro stand und mit wachsender Begeisterung sah sie zu, wie sich der Kurs in kurzer Zeit mehr als verdoppelte. Als das Jahr um war und somit die Erntezeit angebrochen war, dachte sie an einen Verkauf, konnte sich aber nicht so recht dazu durchringen – es könnte ja sein, man verpasse die Chance des Lebens, wenn sie gerade jetzt weiterstiege! Also, dringeblieben und abgewartet. Ein paar Tage später die frohe Botschaft aus einem Börsenmagazin: Compaq wird auf 45 Euro steigen, so das neue Kursziel! Nun, wer wird sich denn mit 100 Prozent Wertsteigerung zufrieden geben, wenn 200 Prozent angekündigt werden! Jetzt war an Verkaufen nicht mehr zu denken. Das Jahr ist eh schon vorbei, so dachte Mary, also kann man die vorhergesagte Kurssteigerung in Ruhe abwarten und „oben" aussteigen. Was half's, selbst „Wespe", unser quirliger Daytrader, vermochte sie nicht zum Ausstieg zu bewegen. Gegen die Aussagen eines Börsenheftes hatte er eh die schlechteren Karten.

Die Ernüchterung trat ein, als kurz nach Publizieren des neuen Kursziels die Aktie den Rückwärtsgang einlegte und fast bis zum Einstandspreis absackte! Die Vorwürfe, die sich Mary machte, waren groß und sie ärgerte sich über ihre Leichtgläubigkeit den Börsenheften gegenüber. Ganz unten wollte sie nun natürlich auch nicht mehr verkaufen, also hieß es wieder abwarten.

Der Dreh nach oben kam auch wieder, doch auch die altbekannten Argumente: Sollte ich nicht doch noch drinbleiben, jetzt, wo sie so schön steigt und jeder von Compaq schwärmt? „Bei Erreichen streichen", so lästern Börsenmakler über diesen wohl bekannten Meinungsumschwung! Aber diesmal schaffte es „Wespe": Bei über 100 Prozent Gewinn stieg Mary aus – keinen Tag zu früh! Denn Compaq fühlte sich in den luftigen Höhen nicht so recht zu Hause, verließ die 36 Euro fluchtartig und setzte sich ein Stockwerk tiefer bei 20 Euro fest.

Ein „Aussitzer-Typ“ neigt in der Regel auch dazu, sämtliche Talfahrten einer Aktie treu mitzumachen. Seine Hoffnungen sind nach „vorne oben“ gerichtet.

Wenn Sie Talfahrten größeren Ausmaßes aus dem Weg gehen wollen, bleibt die Möglickeit, sich bereits vor dem Kauf der Aktie eine Grenze zu setzen, bis wie weit ein Kurs fallen darf, wie viel Verlust Sie Ihnen einfahren darf. Das können z.B. 15 oder auch 20 Prozent des Wertes sein. Geht die Aktie tiefer in die Verlustzone, verkaufen Sie sofort. Es kann Sie davor bewahren, den ganzen Kursrutsch mitzumachen. Es besteht allerdings auch die Gefahr, dass Sie sich auf diese Weise bei einer späteren, unverhofften Kehrtwende selber ausgestoppt haben und beim Aufstieg nicht mehr dabei sind.

Schade ist außerdem, dass man bei häufigem Ein- und Aussteigen die einjährige Haltefrist für die Steuerfreiheit der Gewinne nicht erreicht.

So kann man in den Musterdepots der Börsenhefte immer wieder lesen: „Diese Aktie wurde unglücklich ausgestoppt“, was nichts anderes heißt als: Die Aktie drehte nach einem kurzen Sinkflug wieder nach oben, durch das Erreichen eines Stoppkurses (Verlustgrenze, Stopp-loss) wurde aber der Verkauf ausgelöst und damit auch der Verlust realisiert.

Für mich habe ich folgende Lösung gefunden:

Bei Aktien, die mir relativ unbekannt sind und bei denen ich wenig Informationen über das Management habe, setze ich sicherheitshalber Stopp-Marken nach unten. Wo ich aber von der Geschäftsidee und dem

Management überzeugt bin, riskiere ich auch eine Talfahrt und kaufe die Aktie billig dazu, um eventuell später weiter oben wieder mit einem Teil auszusteigen.

Beispiel Rambus:
Ich hatte Rambus schon eine Weile beobachtet, habe mich aber von dem „langweiligen“ chart 1999 abhalten lassen einzusteigen. Irgendwann legte Rambus den Turbogang ein, und ich hatte das Nachsehen. Auf ihrem Rückweg kaufte ich sie dann bei 65 Euro ein und nochmals am Ende der Korrektur bei 40 Euro. Bei dem anschließenden steilen Anstieg verkaufte ich die „alten Rambusse“ mit Gewinn, also über dem damaligen Einkaufspreis, und ließ nur die „billigen“ im Depot.

Beispiel ce CONSUMER ELECTRONIC:
Auch bei ce sammelten wir nach und nach Aktien ein, als sie in der allgemeinen Verkaufsmanie am Neuen Markt mit nach unten gezogen wurden.

In meinen dreieinhalb Börsenjahren habe ich meistens zu früh verkauft, mancher Gewinn reizte zu sehr zur Gewinnmitnahme – aber es kostet auch Nerven, „seine“ Aktie dann einfach weiter steigen zu sehen!

In vielen Untersuchungen ist festgestellt worden, dass die „buy-and hold-Strategie (Kaufen und Halten) am Ende den meisten Gewinn bringt, während das ständige „Hin und Her“ lediglich die Taschen leer macht (Gebühren, Steuern...).

Außerdem gehe ich beim ständigen Handeln mehr Risiken ein, denn ich muss den richtigen Zeitpunkt zum Ausstieg finden (was wohl das Schwierigste am ganzen Aktiengeschäft ist) und ich muss auch wieder den richtigen Einstieg finden.

Machen Sie einmal folgenden Test anhand des charts der GENERAL ELECTRIC:

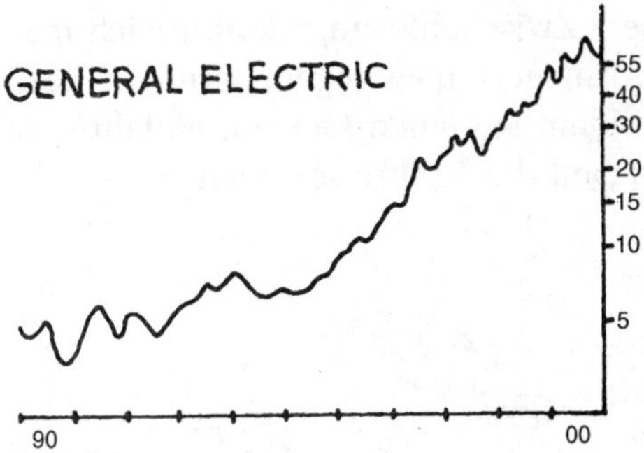

Die Kurve zeigt die Entwicklung des GENERAL ELECTRIC-Kurses in den letzten zehn Jahren. Die Steigerung entspricht in etwa einem Anstieg von 4,5 Dollar auf 60 Dollar.

Decken Sie die Kurve mit einem Blatt ab und verschieben Sie es ein Stück weit nach rechts: Hätten Sie hier verkauft, weil der Kurs gerade so schön oben ist? Verschieben Sie das Blatt zentimeterweise weiter. Wo hätten Sie verkauft, wo wären Sie eventuell wieder eingestiegen? Sie werden merken, dass es viele verlockende Ausstiegsmöglichkeiten gegeben hätte. Doch am Ende gewinnt der Geduldige!

Bei vielen Aktien vollziehen sich natürlich größere Schwankungen und manchmal tut es auch einfach gut, sich an realisierten Gewinnen in Form von Bargeld zu freuen. Aus diesem Grunde habe ich für mich folgende Lösung gefunden:

Gewinnmitnahmen in Teilverkäufen realisieren und gute Aktien nie ganz verkaufen!

Mit dieser „Zwischenlösung“ komme ich mir als langfristigem Anlegertyp entgegen, beruhige die „zittrigen“ Hände, indem ich einen Gewinn einfahre, und bleibe trotzdem „auf der Rolltreppe nach oben“.

Leni, eine Freundin mit wenig Börsenambitionen, sah eines Tages durchaus die Notwendigkeit ein, neben dem Sparbuch ein paar Aktien zu halten. So empfahl ich ihr zur damaligen Zeit AOL, SAP Vz und Dell als solide Mischung, die man nicht ständig beobachten musste – was Lenis Naturell sehr entgegenkam. In der Zwischenzeit lag ihr Depot schon mit über 150 Prozent im Plus, die Baisse radierte die Gewinne bis auf ein Plus von 50 Prozent herunter, doch sie bleibt gelassen und denkt erst in ein paar Jahren an einen eventuellen Verkauf.

Sie hat sich weder über Russlandkrise, Asienkrise, Greenspan-Reden oder Inflationsängste und Weltwirtschaftsuntergangsszenarien je den Kopf zerbrochen. Da sie aber immer wieder mal ganz unbeabsichtigt in Aktiengespräche mit uns hineingerät, bleiben notgedrungen irgendwelche Firmennamen bei ihr hängen, die sie manchmal so nebenbei im Gespräch mit anderen erwähnt. Und so wird sie bei Sparbuchinvestoren bereits als Börsenguru angesehen, auf dessen Aktientipps man sich verlassen könne.

Sollten Sie sich auch in dieser Rubrik „Aussitzer“ oder Langfristanleger wieder finden, sollten Sie neben reinen Einzelaktien besonders auch Fonds als lohnendes Investment in Betracht ziehen. Gerade bei Fonds und mit Fondssparplänen zahlt sich das längere Halten aus – sie bieten gerade Langfristanlegern ganz hervorragende Gewinnchancen!

Auch hier gilt natürlich, dass Sie sich über Anlagestrategie, Aktienauswahl und bisherigen Erfolg des Fondsmanagers informieren sollten. Zwar lassen sich die Ergebnisse aus den letzten Jahren nicht unbedingt in die Zukunft fortschreiben, aber wer in der Vergangenheit in schwierigen Zeiten ein gutes Händchen hatte, hat es vielleicht auch in den nächsten Jahren.

Einen Fundus an Informationen und eine gute Übersicht über ertragsstarke und auch „sichere“, d.h. risikoarme Fonds finden Sie in den finwis-Ausgaben (näher beschrieben im Kapitel „Hausaufgaben“ in der Liste der Börsenliteratur).

Die Wespe

Zu unseren Börsenfreunden gehört ein liebenswerter Vertreter der Gattung „kurzfristiger Anleger". Die Aktie liegt noch nicht ganz in seinem Depot, oft ist noch nicht einmal der Bescheid von der Bank über den Kauf der Aktie im Briefkasten, da tänzelt er schon um den Bildschirm, um ja einen günstigen Ausstieg zu erhaschen. Wir haben ihn kurz und bündig „Wespe" genannt. Doch so mancher von uns ist seinem drängenden „Wär's nicht langsam Zeit, die Aktie zu verkaufen"? erlegen und im Nachhinein dankbar dafür – so schaffte er es doch wirklich, mit seinem hartnäckigen Nachfragen Mary zum Verkaufen der Compaq-Aktie zu bewegen!

Wieselflink sammelt er börsenrelevante Informationen, nutzt das Auf und Ab der Märkte zum Handeln und wird nervös, wenn eine Aktie sich länger als ein paar Monate mit guten Gewinnen in seinem Depot aufhält. Mit Argusaugen verfolgt er „seine" Aktien auf dem täglichen Börsenticker bei n-tv. Ganz nervös macht ihn die Tatsache, dass es Leute wie mich gibt, die Aktien seit über drei Jahren im Depot haben. Und schon einige Male ist es ihm gelungen, mich oder andere Börsenfreunde zu einem Verkauf zu überreden – und durchaus nicht zu unserem Nachteil!

Eine andere Anlegerin wiederum ist täglich mit den neuesten Meldungen über Firmennews und Marktentwicklungen zugange und reagiert auf jede kleine Meldung, in der Annahme, dies könne gut oder schlecht für die Aktienentwicklung sein.

Dadurch steht sie stark unter Druck, Meldungen richtig einzuordnen und deren Auswirkung auf die Kursentwicklung abzuschätzen. Das führt dann dazu, dass das Depot laufend umgeschichtet wird, und Aktien nie die Chance haben, ein Jahr alt und damit steuerfrei zu werden. Sie entgeht dadurch natürlich langfristigen Abwärts-, aber eben auch plötzlich einsetzenden Aufwärtstrends.

Hausse und Baisse

Survival in der Baisse

Meine Zugehörigkeit zu einem bestimmten Anlegertyp bestimmt in hohem Maße mein Verhalten in Zeiten der Baisse. Dadurch, dass wir uns untereinander oft scherzhaft mit den anlegertypischen Namen bezeichneten, war uns bewusst, wo unsere Stärken und Schwächen lagen.

Als im März 2000 die Kurse ins Rutschen kamen, sollte dies der Anfang einer längeren Durststrecke werden, wie sie keiner von uns bisher erlebt hatte. Was zunächst nach einer überfälligen Korrektur aussah, entpuppte sich im Laufe der Monate als ausgewachsener Bärenmarkt. In den Medien wurden zunehmend düstere Szenarien ausgemalt, in drastischen Worten und Schreckensbildern, so dass auch den allerletzten Bullen ein Grausen ankam.

Die Konjunkturdaten deuteten auf eine drastische Verlangsamung der amerikanischen Wirtschaft hin. Durch die ständigen Zinserhöhungen der amerikanischen Notenbank wurden vor allem den jungen und mit Fremdkapital wachsenden Firmen hohe Finanzlasten aufgebürdet, und zu allem Überfluss meinten die Analysten plötzlich, mit den Internetfirmen sei wohl doch nicht so viel Geld zu verdienen wie angenommen. Ein altbekanntes Spiel wiederholte sich – waren Firmen eben noch hochgelobt und als absolutes Muss in jedem

Portfolio, wurden nun Kurs- und Gewinnziele drastisch nach unten korrigiert, und keiner wollte mehr auf diesen vermeintlichen Ladenhütern sitzen bleiben. Und so setzte eine monatelange Verkaufswelle ein – in Amerika waren vor allem die Nasdaq und in Deutschland der Neue Markt und Technologietitel betroffen. Die kurze Zwischenerholung im August 2000 nutzte so mancher von uns, um einige Aktien zu Geld zu machen, die immer noch sehr gute Kursgewinne zeigten. Interessant war die unterschiedliche Reaktion auf den dann weiter einsetzenden „Bärentanz“: Die „Aussitzer“ unter uns saßen auf der Lauer, um häppchenweise gute Aktien einzusammeln, die „Wespen“ hatten vieles verkauft und überlegten, ob und wann man wieder einsteigen könne.

Da an der Börse nicht zum Ausstieg geläutet wird, muss jeder seinen „Wecker“ selber stellen.

Ich habe bei unserem Börsenengagement die Erfahrung gemacht, dass ich gut damit fahre, einen Teil der Aktien dann zu verkaufen und die Gewinne mitzunehmen, wenn die Aktie sich langsam aber sicher zu meiner *„Lieblingsaktie“* mausert. Es tut dann zwar meist so richtig weh, wenn man sich davon trennt, aber im Nachhinein hat sich das – zumindest für mich – als richtig erwiesen. Den Anspruch, ganz „oben“ zu verkaufen und „ganz unten“ wieder einsteigen zu wollen, kann man getrost vergessen, das klappt sowieso nicht! Wer weiß schon, was oben und was unten ist? Jede Aktie kann sich beim vermeintlichen Hochpunkt nochmals verdoppeln und umgekehrt kann sich eine billige Aktien „ganz unten“ locker nochmals halbieren oder zur Pfennigaktie („penny stock“) mutieren.

So schoss JDS Uniphase eines Tages auf 146 Dollar, ich saß zufällig am Computer und sah die rasante Entwicklung, es war zufällig auch gerade später Nachmittag, und die Börse in New York war also offen. Ohne lang zu überlegen wurde ein Teil der kanadischen Glasfaseraktien zu harten Dollars bzw. greenbacks gemacht. Erst viel später stellte sich heraus, dass ich einen optimalen Zeitpunkt für meinen Verkauf erwischt hatte, denn auch JDS Uniphase beteiligte sich ganz unverfroren an der allgemeinen Abwärtsbewegung.

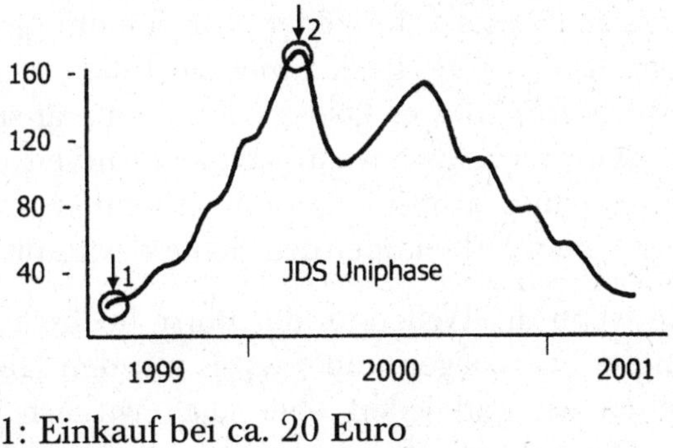

Pfeil 1: Einkauf bei ca. 20 Euro
Pfeil 2: Teilverkauf bei ca. 160 Euro

Im Laufe der Rutschpartie im Jahr 2001 konnte ich dann immer wieder in Abständen die Aktie billig dazukaufen.

Ich hatte aber immer dann schon fast verspielt, wenn sich die Gier meldete und ein an sich schon atemberaubender Gewinn von 1000 % nicht genug war – ich schaffte dann auf dem Weg nach unten oft den Absprung nicht mehr!

Verkaufen Sie nie in Panik – denn meistens ist dann das Schlimmste, was der Aktie passieren kann, schon vorbei. Verkaufen Sie, wenn Sie von Ihrer Aktie begeistert sind und alle Banken und Analysten nur noch rosige Aussichten melden!

Teilverkäufe lassen Sie an einem weiteren Höhenflug teilnehmen: Bei einem Richtungswechsel nach unten haben Sie Bares und können später wieder einkaufen.

Das zu schnelle Einkaufen oder Nachkaufen habe ich zu vermeiden versucht, indem ich nie nach dem ersten Kursrutsch – meist begleitet von einem großen Medienecho – kaufte. In den meisten Fällen bleibt es nicht dabei, sondern es geht jetzt erst einmal stufenweise nach unten. Erst wenn sich am Kurvenverlauf eine Beruhigung abzeichnet, lohnt sich ein erster Einkauf mit einem Drittel oder der Hälfte des Kapitals.

Gerade wenn die Wellen an der Börse hochschlagen, die Ängste überwiegen und Skepsis mit den Händen zu greifen ist, und jeder, aber auch wirklich jeder anfängt, die inneren Werte (die Sicherheit und Seriosität) des Sparbuches zu schätzen, ist die Wende nicht mehr weit.

Achten Sie auf Stimmungsbarometer wie Zeitungsberichte in Illustrierten, die normalerweise keine Wirtschaftsthemen bearbeiten: Wenn dort ganz klar ist, dass Aktien ihre beste Zeit hinter sich haben und allenfalls für notorische Spieler und bleichgesichtige Zockernaturen mit überflüssigem Taschengeld geeignet sind, ist das Tal der Tränen bereits durchschritten. Ein erster Hinweis sind auch nicht mehr weiter nachgebende Kurse bei schlechten Firmenmeldungen, d.h. in dem niedrigen Börsenkurs sind bereits alle schlechten Nachrichten mit enthalten. Ich habe an solchen Wendepunkten beobachtet, dass bei geringsten positiven Nachrichten eine Bewegung nach oben einsetzt – oft reichte sogar schon das Ausbleiben von potentiell negativen Nachrichten für eine Stabilisierung oder Aufwärtsbewegung aus.

Dass sich an der Börse gute und schlechte Zeiten abwechseln, zeigen langfristige charts von Dow Jones und DAX oder auch der Nasdaq. Dieser grundsätzlich positive Börsentrend hilft, die aktuelle Baisse richtig einzuordnen und nicht in Panik zu verfallen.

Ich habe dabei verschiedene Strategien entwickelt, um den psychologischen Zwängen und Fallen in diesem Bärenmarkt zu entgehen.

Börsenfasten als Selbstschutz

Ich konnte an mir und meinen Freunden beobachten, wie das ständige Hören von Negativnachrichten lediglich dazu führt, Ängste zu schüren und zu falschem Handeln verleitet. Kurse müssen nicht täglich verfolgt werden – sie verleiten sehr leicht zu emotionalen Käufen oder Verkäufen! Aber das ist leichter gesagt als getan. Als wir es mal wieder leid waren, den an Schwindsucht krankenden Börsenkursen hinterherzuschauen, beschlossen wir das „Börsenfasten“. Wir verzichteten auf das Verfolgen der Kurse und überflogen Wirtschaftsmeldungen nur noch grob.

Doch die himmlische Ruhe sollte nicht lange andauern. In Telefonaten wurden wir regelmäßig mit neuen Tiefstständen irgendwelcher Aktien und mit Hiobsbotschaften aus der Wirtschaft schockiert, und auch im Radio wurde man unversehens mit Meldungen über erneute „Einbrüche“ an den Weltbörsen überfallen. Wir merkten, wie schwer es sein kann, sich von der allgemeinen Informationsflut fernzuhalten.

Hausse und Baisse wechseln sich ab

Wir sahen in dem aktuellen Bärenmarkt keine grundsätzliche Richtungsänderung am Aktienmarkt, sondern eine Zwischenstation auf dem Weg nach oben. Gute und schlechte Zeiten wechseln sich an der Börse immer wieder ab wie die Jahreszeiten. Es gibt keinen Grund, ausgerechnet in der Baisse zu Niedrigpreisen zu verkaufen.

Hier half mir immer wieder der Blick auf den Langfristchart des DOW Jones, der in überdimensionaler Größe in meinem Arbeitszimmer hängt, und zwar beginnend beim Jahr 1900. Der DOW Jones windet sich unbeirrt in etwas unregelmäßigem Zickzackmuster seit 1900 nach oben! Selbst die 10-Jahreskurve von Dow Jones, Nasdaq oder DAX kann Ihnen in unruhigen Börsenphasen die Stange halten.

Kaufen, wenn die Kanonen donnern!

Ich erinnerte mich immer wieder an diese alte Börsenweisheit, wenn ich merke, dass mir mal wieder eher nach „Geldsichern“ zumute ist. Doch sich gegen die allgemeine Stimmungslage der Börse oder der Wirtschaft zu stellen, kostet Nerven. Erst in meinem „3. Lehrjahr“ an der Börse gelang es mir, der Panik zu entgehen und antizyklisch zu handeln.

Doch sehen Sie selbst, wie wir das Bärenjahr 2000/01 meisterten und dem weltweiten „Almabtrieb“ an den Börsen die positiven Seiten abgewinnen konnten…

Die Baisse – oder wie ich den Bären an die Leine nehme …

Kurze Durststrecken oder kleinere Korrekturen sind natürliche Ereignisse in dem auf lange Sicht nach oben gerichteten Aktienmarkt. Doch wenn man wie ich eben erst seit ein paar Jahren an der Börse agiert, fehlt meist noch der lange Atem, der vor Panikverkäufen bewahrt.

Als die Kurse ab Mitte März 2000 erdrutschartig nach unten gingen und die Medien in bildhaften und ausdrucksstarken Worten vom Ende der guten Börsenzeit kündeten und düstere Prophezeiungen einander ablösten, musste ich mich schon mit aller Macht gegen das aufkommende Panikgefühl stemmen. Durch meine Praxis der Teilverkäufe hatte ich zwar viele Aktiengewinne in Bares verwandelt, doch nach manchem schwarzen Börsentag wünschte ich mir, damals alles verkauft zu haben. Von guten Firmen wollte ich mich zu diesen tiefen Preisen nicht trennen, am liebsten hätte ich sukzessive eingekauft. Doch Bargeld zum Aktienkauf war nur begrenzt verfügbar.

Stroh zu Gold spinnen

An einem wunderschönen Sonntagnachmittag wunderte ich mich über die emsige Betriebsamkeit meines Mannes, der irgendetwas Größeres durch den Flur nach draußen schleppte. Ich hörte Gläser klirren und Stühle rutschen. Ein Blick auf die Terrasse verriet mir alles – die alte Staffelei war aufgebaut, ringsherum waren Gefäße mit Wasser und Farbkästen aufgebaut, und an drei Bildern gleichzeitig sah ich meinen Mann bei der Arbeit!

Er hatte sein altes Hobby, das Öl- und Aquarellmalen, wieder ausgegraben und war mit Pinsel und Seele dabei! Seine Erklärung zu diesem plötzlichen und unerwarteten Eifer folgte auf dem Fuße. Er hatte es nicht mehr mit ansehen können, wie ich mangels Masse keine Aktien mehr kaufen konnte, die in der allgemeinen Hysterie zu Schleuderpreisen auf den Markt geworfen wurden.

Wie gern hätte ich das eine oder andere Schnäppchen gemacht. Denn was sich im März und Anfang April 2001 an der Nasdaq und am Neuen Markt abspielte, war mit nachlassender Wirtschaftskraft nicht mehr zu begründen, es war einfach übertrieben. Wie lange schon wollte ich eine Siebel oder Aether systems, eine Intel oder Millennium pharm auf diesem niedrigen Niveau! Es war für mich wie das Stehen vor dem Schaufenster mit leerem Geldbeutel!

So machte sich mein Mann daran, ein Bild nach dem anderen zu malen, wunderschöne Originale. Außerdem grub er alte Werke aus früheren Zeiten aus, die seit langem nicht mehr hinter Glas, sondern nur noch in einer großen Künstlermappe unten im Keller lagerten. Zum Verkaufen wollte er sie bei eBay anbieten, und da wir in dieser Richtung schon ein eingespieltes Team waren, scannte ich die Aquarelle einen Tag später ein und lud sie auf den Server im Internet hoch, um sie so über das Internet-Auktionshaus anzubieten. Und nicht nur, dass wir die meisten Bilder auf diesem Weg zu Geld machten, durch die Verkäufe hatten wir auch sehr interessante Kunstliebhaber und Sammler kennen gelernt, die an weiterem Kontakt interessiert waren.

Zwischendurch mussten wir immer wieder an Bodo Schäfers Aufforderung denken, durch Umsetzen von Ideen unser Einkommen zu erhöhen.

Statt Champagner Kamillentee

Natürlich prickelte es auch unseren Börsenfreund „Wespe“ unter den Fingernägeln, an frisches Kapital für neue Aktienkäufe zu kommen. Ihn trieb die Frage um, was er zu Geld machen könne, ohne gleich sein letztes Hemd hergeben zu müssen. Wir sahen ihn in dieser Zeit immer seltener im Edelrestaurant dinieren. Er meinte, Spaghetti seien sowieso cholesterinärmer und es müsse auch nicht immer Champagner sein, wenn man mal einen Aktiengewinn feiern wolle. Überhaupt schien er in dieser Zeit mehr Geld für Kamillenteebeutel als für Sekt und Champagner auszugeben.

Außerdem wandelte er auf philosophisch neuen Pfaden, als er uns zu überzeugen suchte, dass der

Mensch sich mit viel zu viel Gerümpel umgebe und sich dadurch in jeder Beziehung nur einenge. Es sei ein Zeichen von Reife und Freiheit des Geistes, mit wenig auszukommen. Gesagt, getan. Fortan war er Daueranbieter bei eBay und Stammgast bei einem Antiquariat in der benachbarten Stadt, wo er die alten Schinken (uralte Bücher aus der Erbmasse) zu Geld machte.

Wir ermunterten uns gegenseitig, in diesen Baissezeiten durchzuhalten und antizyklisch zu investieren.

Wir ermahnten uns in aller Strenge und mit einem schwer zu verkneifenden Grinsen, dass „hätte"- und „wäre"-Sätze nicht in das Repertoire eines reifen Börsianers gehörten.

Dem Bärenmarkt ein Schnippchen schlagen ...

Dass auch in einem Bärenmarkt immer wieder gute Geschäfte zu machen sind, zeigt meine Geschichte mit der Compaq-Aktie:

Immer wieder habe ich auch Hardware-Aktien auf meiner Beobachtungsliste. Im Herbststurm 1999 sah ich die Compaq auf ein Jahrestief von 18 Euro fallen und griff zu. Mein Hintergedanke war, mit dem Gewinn dieser Aktie mir einen neuen Computer zu leisten, denn mein „Alter“ war inzwischen fünf Jahre im Einsatz und etwas träge geworden.

Compaq war Marktführer bei PCs, und viel konnte ich da nicht falsch machen. Das Auf und Ab der Aktie während des letzten Jahres kümmerte mich wenig, das Ziel war, die Jahresfrist zu überschreiten und die Bestellung eines neuen Computers mit dem Erlös der Compaq-Aktien. Lediglich die Frage trieb mich um, ob es zu einem Brenner und Laserdrucker ergänzend zum Computer reichen würde – das hing geradewegs vom Kurs ab.

Nun, genau nach einem Jahr und vier Tagen verkaufte ich im November 2000 die Aktie bei über 36 Euro, also mit gut 100 % Gewinn – mitten im Bärenmarkt!

Und es reichte für einen flotten 1000-Mhz-Computer mit Laserdrucker und Brenner!

> „Je mehr ich übe, desto mehr Glück habe ich.“
>
> Bernhard Langer, Golfprofi, auf die Frage eines Journalisten nach einem unerwartet gut ausgegangenen Golfspiel

AOLs zu verschenken!!

Inzwischen waren wir nicht mehr die einzigen Aktionäre in unserem Bekanntenkreis – wir hatten viele für diese Art von Geldanlage begeistert und standen in regem Austausch!

Wir waren überzeugt, dass Teilen und Abgeben uns nicht ärmer, sondern in jeder Beziehung reicher machen würde. Uns war in Berichten von Bodo Schäfer aufgefallen, dass er dieses Geheimnis ebenfalls entdeckt hatte: Wer von seinem Überfluss abgibt, wird unabhängiger und hat hinterher nicht weniger Geld, sondern es fließt irgendwie wieder zu ihm zurück.

Jeder von uns kannte Menschen, die unverschuldet in Not geraten waren und wo Unterstützung auch und gerade im finanziellen Bereich dringend nötig war.

Und so wurde eine Idee geboren. Ich wollte nicht nur für mich und meine Familie Geld vermehren, sondern mit anderen zusammen Gewinne für Menschen in Notlagen erwirtschaften.

Schnell waren einige Freunde zusammengetrommelt. Die Idee fand überall offene Türen, und als wir so zusammensaßen, überlegten wir, welcher Aktie wir unser „Geld für andere" anvertrauen sollten. So wälzten wir Fachzeitschriften und forschten nach unseren Lieblingsaktien und einigten uns dann schließlich auf AOL. Also gründeten wir einen „AOL-Topf", in den jeder so viel investierte, wie er erübrigen konnte.

Im Juni 1998 stand der AOL-Kurs bei 152 DM, und jeder bezahlte seinen Teil ein: Insgesamt sechs Leute legten Geld im Wert von 13 x 150 DM zusammen, das entsprach also 13 AOL-Aktien (= rund 2000 DM). Das Geld wurde auf das Depot eingezahlt und zwei Tage später konnten 13 AOLs gekauft werden.

Wir hatten vereinbart, dass wir die Aktien immer im Depot belassen und nach Ende der Spekulationsfrist (damals noch ein halbes Jahr) nur den Gewinn herausnehmen würden.

Die Rendite nach den ersten sechs Monaten betrug 1770 DM – steuerfrei!

Das war ein Zugewinn von fast 90 Prozent innerhalb eines halben Jahres! (von Juni 1998 bis Dezember 1998).

Kurz vor Weihnachten wurde dann in einer gemeinsamen Besprechung entschieden, das Geld einer fünfköpfigen Familie zu übergeben, die plötzlich ohne Vater dastand. Es war auch für uns als Spendergruppe ein tolles Gefühl, auf diese Art und Weise die Familie am Aktiengewinn teilhaben zu lassen.

Weihnachten 1998

Inzwischen sind die restlichen AOLs auf über 7000 DM angewachsen, die inzwischen einjährige Spekulationsfrist ist abgelaufen, und wieder wird der Gewinn ausgeschüttet, diesmal an ein Projekt in Indien und für eine allein erziehende Mutter.

Lassen Sie sich anstecken …
… und gründen Sie einen Fonds für Hilfsbedürftige!

> „Was der Welt heute am meisten fehlt, sind Menschen, die sich mit den Nöten anderer beschäftigen."
> Albert Schweitzer

Immer wieder kommen Anfragen von Menschen, die in unseren Topf mit einzahlen wollen – ich denke, wir haben eine spannende Möglichkeit entdeckt, zu helfen und gleichzeitig über diese Anlageform zu informieren und für eigene Aktivitäten zu motivieren.

Denn gerade für weniger Betuchte ist es in unseren Augen erst recht notwendig, am Aktienmarkt mit dabei zu sein und sein Geld zu vermehren.

Pech gehabt ...

Check Point Software

Einer der seltenen Tage war gekommen, wo wir übriges Geld auf unserem Konto zur Verfügung hatten...

Auf die Idee, die vielleicht üblicherweise bei anderen auftaucht, mal wieder neue Klamotten zu kaufen, kamen wir seit unserem Börsenengagement immer seltener! Ich wälzte die letzten Börsenzeitschriften und las die Berichte über Aktien, die ich mir irgendwann einmal als besonders spannend angestrichen hatte. So war schnell eine kleine Liste zusammengestellt, und ich kaufte alles in einem Schwung ein.

Dabei war auch Check Point Software, ein Software-Unternehmen im Bereich Datensicherung/firewalls/Virenbekämpfung. Ich tippte die angegebene WKN (Wertpapierkennnummer) ein und kaufte zu einem Kurs von 12,10 Euro. Tage später hielt ich die Abrechnung in den Händen – mich traf der Schlag! Ich hatte mit dieser WKN **checkpoint systems** gekauft, eine Aktie, die ich überhaupt nicht kannte! Beim Überprüfen der WKNs stellte ich fest, dass das Anlegermagazin die Nummern von checkpoint systems und Check Point Software offensichtlich vertauscht hatte!

Sofort wählte ich mich in mein Depot ein und sah am Bildschirm, dass wirklich die falsche Aktie in meinem Depot lag. Sie war in den letzten Tagen zwar noch etwas gestiegen – doch ich wollte da raus und setzte ein sehr weites Limit nach unten, um die Aktie auf jeden Fall loszuschlagen. Irgendwann im Laufe des Tages sah ich nach, ob der Verkauf geklappt hatte – sie lag noch friedlich in meinem Depot, nur der Wert der Aktie war inzwischen um 30 Prozent gefallen – so weit hatte ich natürlich mein Limit nicht gesetzt! Im Lauf der nächsten Tage ging der Absturz weiter, bis sie schließlich bei 7 Euro Halt machte! Inzwischen sind einige Monate vergangen, und ich bin das Papier dann doch noch mit geringem Verlust losgeworden.

Meine härtesten Reinfälle waren ...

Aktien	**Branche**	**Einkauf (DM)**	**11/00**
Santa cruz	Unix- und Linux-systeme für Server, USA	15	4
Daimler Chrysler	KFZ, D	84	50
Starmedia	Internetportal, Lateinamerika	50	8
Priceline.com	Preisagentur, USA	55	7
Bank Bali	Bank auf Bali, Indonesien	0,09	0,01

Bei Bank Bali ließ ich mich dummerweise auf Gerüchte und Phantasiebeschreibungen im Brokerboard bei Consors ein und zollte wohl auch meinem unverkennbar vorhandenen Spielertrieb Tribut.

Für mich ist eines klar: In Brokerboards herumzustochern und die teilweise abenteuerlichen Vermutungen auch nur ansatzweise an sich heranzulassen, bringt einen in die Nähe des Lotteriespiels.

Einige Beispiele: „Im Herbst lässt Endemann (Internetfirma) die große Bombe platzen.", „Bei 2000 Prozent schon Schluss?" „Internetwert kurz vor der Entdeckung durch die Fondsmanager!" usw. Manchmal hat man den Eindruck, durch gezielte Informationsmanipulationen soll die Neugier des Lesers geweckt werden und die haarsträubenden Aussagen teilweise durch keinerlei Fakten begründbar sein.

Daimler Chrysler ist für mich weniger beunruhigend, da sich dieses Unternehmen nach wie vor mit hervorragenden Ergebnissen schmücken kann und irgendwann wieder auf einen grünen Ast (in meinem Depot) kommen wird. Hier sollten Sie allerdings beachten, dass die Automobilbranche zu den Zyklikern unter den Aktienwerten gehört, d.h., diese Papiere sind keine Anlage auf Jahre hinaus, sondern bei guten Gewinnen sollten Sie diese realisieren, bevor wieder der übliche Abschwung einsetzt.

> Irren ist menschlich.
> Doch wer den Radiergummi vor dem Bleistift aufbraucht, übertreibt!
>
> J. Jenkins

Der Neue Markt – Börse in Kinderschuhen?

Im „Neuen Markt“ in Frankfurt, einem vor ein paar Jahren neu eingerichteten Börsensegment, finden sich vor allem junge, sehr innovative Firmen, die sich durch die Ausgabe von Aktien Kapital verschaffen. So manche geniale Geschäftsidee konnte so realisiert werden und sich auch im Markt behaupten. Manch einer aber biss sich nach der Neuemission die Zähne aus an der harten Wirklichkeit und den rauen Wettbewerbsbedingungen. So habe auch ich mit einigen Firmen traumhafte Gewinne eingefahren und bin mit anderen „hochgelobten“ Aktien baden gegangen. Die Quintessenz aus diesen Lehrjahren heißt für mich:

Der Neue Markt ist ein höchst interessanter Marktplatz innovativer Firmen, doch hier investiere ich nur, wenn ich mit Argusaugen die Entwicklung verfolgen kann.

Kostolanys Rat, die Aktien nicht mehr zu verfolgen, sondern einfach laufen zu lassen, wäre hier absolut falsch angewendet.

So sahen wir z.B. die EM.TV an den Markt kommen, sahen die Aktie anfangs um die 30 DM herumdümpeln, lasen in einem Anlegermagazin, wie hoffnungslos überteuert sie bei 60 DM sei, und ließen (leider) die Finger davon, obwohl wir wussten, dass die Produkte, die sie mit ihren Lizenzen vergaben, bei unserem Sohn und bei anderen Kindern der absolute Renner waren.

Nicht eine einzige Tabaluga-Sendung ließ unser Kleiner aus, und auch der grüne Plüschdrache musste in ordentlich habhafter Größe ins Haus. Da stand er nun im Kinderzimmer und erinnerte uns mit seinen großen fröhlichen Glupschaugen immer wieder an die Firma, die dahinter stand.

Als die Aktie irgendwann bei 500 DM angekommen war, konnte ich es nicht mehr länger mit ansehen und kaufte sie. Sie nahm weiterhin einen traumhaften Aufschwung, und irgendwann meinte mein Mann, man müsse auch mal genug haben – und wir verkauften tatsächlich. Die Kosten des kleinen Plüschdrachen waren inzwischen mit Zins und Zinseszins eingespielt.

Als ich später noch einmal mein Glück mit dieser Aktie versuchte (durch verschiedene Aktiensplitts wirkte sie nun optisch billiger) und bei 30 Euro einkaufte, vervierfachte sie sich noch einmal bis auf etwa 120 Euro und ging dann in einem Sturzflug auf ihren heutigen Wert von 5 Euro zurück. Noch ganz oben in luftigen Höhen von 100 Euros kamen Kaufempfehlungen aus renommierten Bankhäusern, und die Phantasie kannte keine Grenzen. Pech hatte, wer hier noch eingestiegen war und nicht mehr rechtzeitig verkaufte!

> Was in den höchsten Tönen gelobt wird, entpuppt sich oft als fauler Apfel!

Tipp: Gerade am Anfang einer Börsianerlaufbahn sollten Sie sich auf große Firmen konzentrieren, die schon Gewinne machen und nicht mehr so großen Schwankungen unterworfen sind. Die Ausschläge im Kursverlauf sind in der Regel geringer und deutlich nervenschonender.

Pfade durch den Aktiendschungel

Wenn sich bei Ihnen zu Hause die ersten Berge von Aktienheften und Zeitschriften über Geldanlage türmen und Sie anfangen, bei Ikea neue Regale zur Wahrung der Übersichtlichkeit anzuschaffen – dann fangen Sie einfach an und beginnen Sie, ihre persönlichen Aktienfavoriten zusammenzustellen!

Sie haben einen eigenen, gesunden Menschenverstand, geschult durch eigene Erfahrungen in Handelsbeziehungen – das ist in betriebswirtschaftlich wohlklingenden Begriffen ausgedrückt, was Sie im Haushalt Tag für Tag tun: die tägliche Kleinarbeit des Handels, des Einkaufens, des Abwägens, des Beurteilens von Qualität und des Einschätzens von Trends z.B. beim Kleiderkauf für Ihre Kinder, bei der Anschaffung von Geräten oder Auswahl von Dienstleistern.

Stellen Sie sich folgende Fragen:

Welche Produkte oder Dienstleistungen nehme ich besonders gerne in Anspruch? Geht es meinen Bekannten genauso? Wo sehe ich eine Marktlücke für ein Produkt? Was würde ich gerne kaufen, das aber so noch nicht angeboten wird?

Wo wird über das reine Produkt hinaus ein „Zusatznutzen“ angeboten – z.B.: eine längere Garantiezeit als üblich, eine besonders freundliche und kompetente Wartung gekaufter Geräte, über Jahre konstante hervorragende Qualität z.B. bei mehrmaligen Testsiegern der Stiftung Warentest oder anderen Veröffentlichungen.

Genau auf diese Weise erwischte ich einige meiner 100- und 1000-Prozenter!!

Sie erinnern sich an den alten Laptop, den mein Bruder bei mir zu Hause „abgestellt“ hatte?

Irgendwann war er der Beanspruchung durch meine rüde Behandlung nicht mehr gewachsen, und manche Dinge wollten nicht länger so funktionieren, wie sie eigentlich sollten. Ein neuer Computer musste her! Aber welcher? In den nächsten Wochen sahen meine beiden Männer wenig von mir. Tagsüber stöberte ich in Elektrofachgeschäften und Elektronikmärkten und nervte mit meinem Halbwissen die Verkäufer und Hotlines der Computerfirmen.

Irgendwann wusste ich, was alles in meinem Computer enthalten sein sollte, und ich stellte meine Wunschkonfiguration zusammen. Ich wälzte Computerzeitschriften und Testlisten und verglich die Preise. Ich wusste inzwischen auch, wie wichtig ein guter Service nach Kauf für mich war, und hatte dadurch zwei Direktanbieter mit erstklassigen Bauteilen und unbegrenzter und kostenloser Telefonhotline entdeckt: **Gateway** und **DELL**!

Die 1000-Prozenter

Beide sind amerikanische Firmen, die an der Börse notieren und ihre Aktionäre in der Vergangenheit reich gemacht haben! Im Frühjahr 1998 stand die Dell-Aktie bei 20 Euro, nach zwei Jahren, im Frühjahr 2000 hatte sie bereits 60 Euro erreicht. Das eingesetzte Kapital hat sich also innerhalb von zwei Jahren genau verdreifacht!

Zu diesem neuen Computer nun wollte ich einen besonders augenfreundlichen Monitor. Ich hatte bemerkt, dass bei längerem Sitzen vor dem Bildschirm meine Augen rot wurden und ihnen das angestrengte Pixel-Schauen nicht sonderlich gut tat.

Nachdem alle möglichen Informationen darüber ausgewertet waren, entschied ich mich für Samsung. Bis dahin hatte ich Samsung für eine Billigmarke aus Irgendwo gehalten, und freiwillig hätte ich dort weder eine Waschmaschine noch eine Leselampe gekauft. Dieser Monitor steht nach über fünf Jahren immer noch auf meinem Schreibtisch, ist mit seiner hohen Bildwiederholrate absolut augenfreundlich, und rote Augen kenne ich nur noch in Schnupfen- und Hustenzeiten im Winter.

Als ich also in meiner Anfangsphase als Aktionär entdeckte, dass sich hinter Samsung eine große Elektronikfirma in Südkorea mit respektablen Geräten und steigendem Umsatz und Gewinn verbarg, und das Papier auch noch an allen deutschen Börsenplätzen in Deutschland zu haben war, kaufte ich ein:

Meine erste Fernost-Aktie im Juni 1998!

Was für ein Glück, dass ich weder von Asienkrise noch von schlechten Wirtschaftsdaten aus Südkorea irgendeine Ahnung hatte! Ich kaufte den Wert bei 8 Euro und ließ ihn einfach in meinem Depot liegen, verfolgte ihn nicht mehr weiter. Immer noch sah ich diese Investition als etwas Exotisches an.

Dann und wann bekam ich Meldungen mit, dass Samsung mal wieder mit brandneuen Produkten (z.B. den mp3-Playern) vorne dabei war oder mit innovativen Geräten auf der Elektronikmesse CeBIT auffiel.

Ich hatte äußerst positive Berichte über den Manager der Firma, die mich immer mehr von der Qualität dieses Unternehmens überzeugten. Schauen Sie sich diesen Knaller einmal im Chart an:

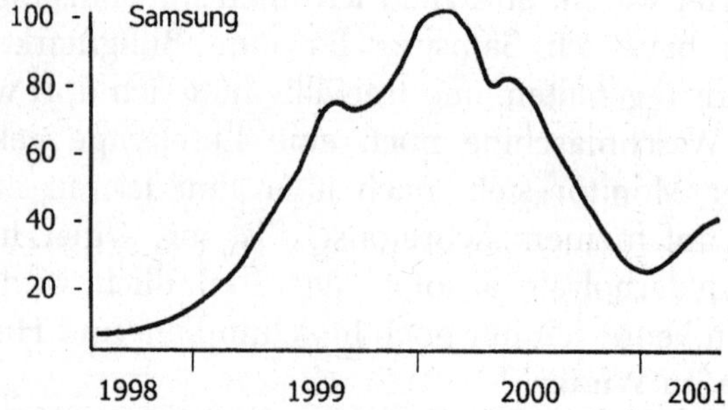

Ein weiterer 1000-Prozenter war der Internetmarktplatz eBay, dem ich auch heute noch treu bin, als Kunde wie als Aktionär.

Dieses sehr überzeugende Konzept mit so viel Service und preiswerter Dienstleistung wird sich auch in

Zukunft durchsetzen – auch wenn Auguren aus der Analystenzunft bei Firmen der B2C (Business-to-Customer = Handel zwischen Firma und Endverbraucher, z.B. der Internetbuchhändler Amazon) und C2C (Customer-to-Customer = Handel zwischen Verbrauchern wie eBay) die Margen und Aktienkurse sinken sehen.

ce CONSUMER ELECTRONICS war ebenfalls unter den 1000-Prozentern. Vom Einkaufspreis bei 6 Euro kletterte sie bis auf ein Hoch von ca. 90 Euro und sank in der allgemeinen Verkaufspanik 2000/2001 bis auf momentan 10 Euro (Stand Juni 2001).

Große Schwankungen vollzieht auch **pilot network services**, eine kleine amerikanische Firma, die für Netzwerktechnik steht und große Unternehmen als Kunden gewinnen konnte. Die Aktie ist relativ unbekannt, macht sehr große Ausschläge und hangelte sich innerhalb von zwei Jahren auf beachtliche 50 Euro hoch (Einkaufspreis 5 Euro), um dann im Sommer bis auf 2 Euro abzustürzen!

Von diesen enormen Schwankungen lassen sich zwei Dinge ableiten:

1. Gute Nerven sind gefragt!
2. Bei Übertreibungen nach oben (oft am chart erkennbar) zumindest einen Teil verkaufen!

Diese Teilverkäufe lassen Sie von der enormen Wertsteigerung der Aktien profitieren, und Sie behalten trotz allem noch einen Fuß in der Tür, wenn die Rallye weitergeht!

Zwar sind die 1000-Prozenter nicht das alltägliche Erlebnis an der Börse – wohl aber das Salz in der Suppe oder die Sahne auf dem Zwetschgenkuchen!

Die 100-Prozenter,

die es bis an die 1000er-Marke nicht geschafft haben – z.T., weil ich vorher verkauft hatte oder weil sie in das ein oder andere Sommerloch in diesem Jahr gerissen wurden:

Aktie	**Branche**	Einkauf	Hoch
cisco	Internetnetzwerke USA	21	80
EMC	Speicherlösung, USA	30	120
EM.TV	Kinder/Jugendfilme, Lizenzen, D	30	115
Evotec	Biotechnologie, D	12	80
Rambus	RAM-Speicherchips, USA	40	120
AOL	Internet, USA	18	90
Medigene	Biotechnologie, D	60	120
Kontron	Embedded Computer, D	39	140
yahoo	Internetanbieter, Suchmaschine	60	260

Aktie	Branche	Einkauf	Hoch
Check Point Software	Sicherheitslösungen, Israel	100	200
SAP	Anwendersoftware, D	120	310
Compaq	Computer, USA	18	38
Intershop	Handelsplattform, D	40	120
Ariba	Marktplatz im Internet für Firmen	50	180
DAC UI	Fonds/Bernd Förtsch	200	550
JDS Uniphase	Glasfasertechnologie, Kanada	20	140
CMGI	Beteiligungsgesellschaft, USA	44	150

Die gekennzeichneten Aktien würde ich zum heutigen Zeitpunkt wieder kaufen: Sie haben enormes Potenzial und konnten sich in ihrem Markt gut behaupten.

Die meisten dieser Werte habe ich über ein Jahr gehalten (hallo, Finanzamt!), andere haben ihre erstaunliche Performance innerhalb einiger Monate erreicht.

Auch mit ungeschultem Auge ist hier sofort erkennbar, dass mein Depot sehr Technologie-lastig zusammengesetzt und außer ein paar Multimedia- und Entertainmentfirmen nur noch Biotechnologie in begrenztem Ausmaß vorhanden ist. Mir ist diese Einseitigkeit bewusst, aber ich tue mich sehr schwer, Titel aus anderen Bereichen mit hereinzunehmen, da mich die Branchen einfach am meisten interessieren, ich mir von ihnen am ehesten ein Bild machen kann und noch ein enormes Wachstum in den künftigen Jahren vermute.

Trotz der großen Schwankungen, die bei diesen Aktien an der Tagesordnung sind, fühle ich mich mit der Auswahl wohl und kann hervorragend schlafen.

Wichtig ist, dass jeder Aktionär für sich allein entscheidet, mit welchen Papieren und mit welchen Schwankungen er leben kann, wo er sich „zu Hause" fühlt und Tiefs problemlos aussitzen kann, weil er von der Branche und den Unternehmen überzeugt ist.

Für den Anfang eignen sich aber eher Werte aus dem DAX oder Dow Jones, die insgesamt weniger schwanken (weniger „valatil" sind); bei Werten am Neuen Markt sind die Ausschläge enorm – wer hier einsteigt, muss sich des höheren Risikos bewusst sein. So konnte man z.B. den einstigen Analysten- und Anlegerliebling EM.TV von unter 1 Euro auf 120 Euro steigen sehen – um dann auf aktuell 4 Euro abzurutschen.

Besser spät als nie!!

Einen Umdenkungsprozess habe ich in Bezug auf das Anlageverhalten von Senioren hinter mir. Irgendwann in meinem ersten Aktienjahr fragte ich mich, warum eigentlich älteren Leuten immer geraten wird, eher langweilige Rentenpapiere oder Festgeld als Anlage zu wählen. Klar – im Vordergrund steht hier lediglich der Erhalt des Wertes, aber nicht die Vermehrung. Denn Vermehrung hängt immer mit erhöhtem Risiko zusammen!

Und so kam ich eines Tages bei einer Veranstaltung der Kreissparkasse über Geldanlage mit einem 78-Jährigen ins Gespräch, der sich bis dahin noch nie mit Aktien beschäftigt hatte. Er war von Beruf Werkzeugmacher gewesen und hatte bisher seinen Alltag als Rentner mit handwerklichen Beschäftigungen und Gartenarbeit ausgefüllt. Wir besprachen die verschiedenen Möglichkeiten, bei einer Bank ein Depot einzurichten und redeten darüber, wie das alles so funktionierte mit dem Aktienkauf und -verkauf.

Ich staunte nicht schlecht, als kurze Zeit später ein Anruf kam, er habe jetzt ein Depot und wolle es füllen. Nachdem geklärt war, dass nur „überflüssiges" Geld investiert werden sollte, entschied er sich zunächst, den Empfehlungen eines Aktienclubs zu folgen, und investierte vor allem in deutsche Standardwerte aus dem DAX.

Doch das währte nicht lange – bald darauf machte er mich darauf aufmerksam, dass er nicht vorhatte, bis zum 100. Lebensjahr auf eine Verdoppelung seines Einsatzes zu warten – Sicherheit hin oder her –, er wolle mehr über Wachstumswerte und Computeraktien und Neuen Markt wissen! Wachstumswerte, so klärte er mich auf, seien die Aktien, die von links unten nach rechts oben verliefen – das könne man ganz einfach anhand der Kurven feststellen. Und überhaupt wolle er mehr Geld in Aktien investieren. Schluck – im Hinterkopf hatte ich noch die weisen Ratschläge fürs Investieren im Rentenalter: Aktienbestand = 100 minus Lebensalter, was hier wohl 20 Prozent des Kapitals in Aktien bedeutet hätte – doch hier war offensichtlich eine andere Strategie gefragt.

Also setzten wir uns zusammen und durchstreiften den „Aktionär", den ich als spannendes und durchaus spekulatives Anlegermagazin mit Blick nach vorne schätzen gelernt hatte. Was herauskam, war folgendes Depot, wobei in Klammer die dazugehörenden Begründungen im Originalton stehen:

General Electric („ist ähnlich wie Siemens, tolle Kurve")
EMC („irgendwo muss doch die viele Information gelagert werden")
Nokia („so ein Handy benutzt doch mein Sohn immer, wenn er mich vom Auto aus anruft")
Softbank („Japan wird sich schon mausern")
Toshiba („das ist doch der tolle Laptop, den mein Enkel hat!)

AOL („klingt gut, damit geht meine Tochter ins Internet“)
Deutsche Bank („die haben doch überall ihre Finger drin“)
EM.TV („ach, daher kommt Tabaluga!“)

Doch dabei blieb es nicht.

Fortan besuchte er regelmäßig alle Veranstaltungen über die Börse, die sich ihm boten, ließ sich dabei von Markus Koch live die Entwicklungen auf dem amerikanischen Aktienmarkt unter besonderer Berücksichtigung der Nasdaq-Werte schildern und eröffnete bei einer Direktbank ein weiteres Depot, um bessere Zeichnungsmöglichkeiten zu haben.

Eines Tages informierte er sich bei einem Steuerberater über die steuerlichen Besonderheiten in seinem Fall als Rentner und erwähnte nebenher, dass er jetzt, nach einem halben Jahr Aktienengagement 80 Prozent Plus erwirtschaftet habe, er es aber noch gar nicht einordnen könne, ob das so der Durchschnitt sei – na ja, er sei eben noch Anfänger auf diesem Gebiet …

Etwas blasser sei der Berater geworden und, so glaubte er zu spüren, zuvorkommender.

Inzwischen ist der agile Rentner nicht nur im Garten beim Umgraben, Anpflanzen und Holzsägen anzutreffen, sondern des Öfteren mit langen Listen vor den Teletextseiten von n-tv gesichtet, so jedenfalls berichtete uns seine Frau. Auch sie verfolgt während des Maultaschenkochens mit einem Ohr die n-tv-Sendungen und hält ihren Mann über das Neueste auf dem

Laufenden – falls er zufällig mal beim Holzaufschichten im Garten weilt und wichtige Börseninfos nicht mitbekommt.

Umschichtungen des Depots nimmt er selbstständig vor, und so waren auch Exodus und Cmgi mit von der Partie, und mit dem Sack voll EM.TVs, die er sehr rechtzeitig gekauft und mit großem Gewinn wieder verkauft hat, finanzierte er sich im Frühjahr 2000 seine Ferienwohnung auf Teneriffa.

Ohne einen Brocken Englisch (war zu seiner Schulzeit einfach noch nicht Mode) bestellt er am Telefon ungerührt Highlight Communications oder Commerce One und bekommt alle Aktien, die er haben will – mit einer Ausnahme: Er bat eines Tages um die Wertpapierkennnummer einer neu an den Markt gekommenen Aktie. Ich gab sie ihm telefonisch durch und merkte dabei nicht, dass ich mit dem Finger in die nächste Zeile gerutscht war und die falsche Nummer nannte.

Zwei Tage später hing ein verblüffter Aktionär am Telefon: „Ich kann mich gar nicht erinnern, eine russische Aktie bestellt zu haben!“ – Er meinte die Tomorrow Internet, deren Papier er auf Grund der falschen Nummer eingekauft hatte und sprach den Namen (mit Betonung auf der ersten Silbe) wie ein russisches U-Boot aus!

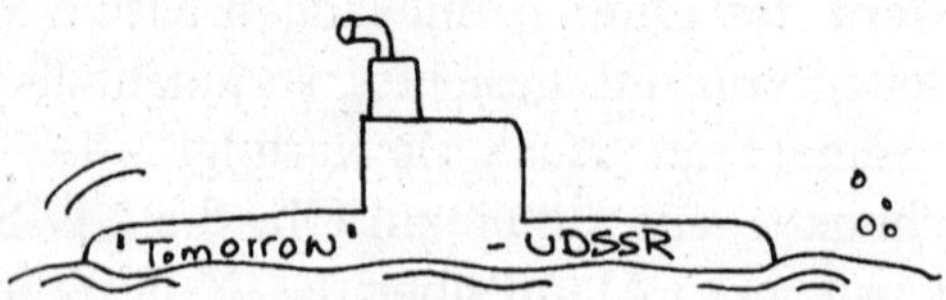

„Na ja“, meinte er, nachdem ich ihm einige Infos zu der neuen Aktie gegeben hatte, „ich lasse sie mal drin, das hört sich ja gar nicht so schlecht an.“

Wie Recht er behalten sollte, sahen wir nach einigen Monaten, als Tomorrow sich verfünffacht hatte! Der Verkauf glich einem Freudenfest!

Inzwischen ist unser Spätberufener 80 Jahre alt und hat in einem freien Zimmer eine Arbeitsplatte zum Schreibtisch umfunktioniert, auf dem ein Laptop mit Modem und Internetanschluss steht. „Ich muss Echtzeitkurse haben, mit dem Telefon war das immer zu ungenau!“ war die Erklärung. Nicht dass er mit diesen Geräten durch seine frühere Beschäftigung irgendwie vertraut gewesen wäre – nein, er fing bei null an! Von seinem Kampf mit den englischen Ausdrücken und dem Computerlatein ganz zu schweigen!

Und auch im Urlaub wird der Börsenalltag nicht einfach ausgeblendet: Man sah ihn bereits des Öfteren angestrengt in den Kursteil der Süddeutschen vertieft – auf Teneriffa im feinen Sand unter Palmen. So viel zum Thema Aktien und Senioren.

Fazit: Besser spät als nie!
Zur unbedingten Nachahmung empfohlen!

Sie sind an der Reihe

Wenn Sie erfolgreich an der Börse handeln, also ihr vorhandenes Kapital in absehbarer Zeit vermehren wollen, gibt es ein paar Hausaufgaben, die Sie unbedingt machen sollten.

Ein Super-Fünf-Gang-Menü kommt ja auch nicht dadurch zustande, dass man die Abbildung aus dem Kochbuch auf den Esstisch legt und daneben das Besteck drapiert, sondern fängt mit der Zusammenstellung der Zutaten und dem Vorbereiten und Verarbeiten der Lebensmittel an.

Vorbereitungen

Kaufen Sie zunächst regelmäßig Börsenzeitschriften und lesen Sie diese ruhig von vorne bis hinten durch, auch wenn Sie dabei das Gefühl haben, in eine fremde, unbekannte Welt einzutauchen. Sie werden die gleiche Erfahrung machen wie viele meiner Börsenfreunde und wie ich auch.

Am Anfang verstehen Sie vielleicht erst mal nur Bahnhof, viele Ausdrücke sind fremd in ihrer Bedeutung, und bei Abkürzungen wie KGV denken Sie zunächst an Katholische Gemeindeveranstaltung, kleinstes gemeinsames Vielfaches oder Bruchrechnung.

Wie auch immer, lassen Sie nicht nach – Sie werden von Mal zu Mal weniger Verständnislücken bei sich entdecken, und Unternehmen bleiben in Ihrem Gedächtnis, von denen Sie früher noch nicht einmal wussten, dass es sie gibt. Es ist wichtig, einfach beharrlich dabeizubleiben und nicht zu resignieren!

Die Börse werden Sie kennen lernen als einen großen Marktplatz, auf dem Firmen (bzw. Aktien) je nach Angebot und Nachfrage gehandelt werden.

Treffen viele schlechte Nachrichten über eine Firma ein, beeilen sich die Aktienbesitzer, sie auch unter Preis und Wert zu verkaufen oder zu verschleudern. Bei positiver Stimmung am Markt und positiven Nachrichten will sie kaum einer mehr hergeben, und Käufer müssen entsprechend höhere Preise für die Aktien zahlen.

Seit Jahrhunderten besteht die Möglichkeit, sich über Anteilsscheine an Unternehmen zu beteiligen, und der langfristige Trend an der Börse zeigte immer nach oben.

Nachzulesen ist dies in dem ganz hervorragend aufbereiteten Buch von Peter Lynch „Der Weg zum Börsenerfolg (3)“.

Hier nun eine Auflistung von Publikationen über und um die Börse, die durchaus abwechselnd gelesen werden sollten – so sind Sie nicht einseitig informiert, und mit der Zeit lernen Sie die Meinungsvielfalt zu schätzen – und werden auch vorsichtiger im Umgang mit den Prophezeiungen der Börsenprofis.

Denken Sie daran: Auch Fachleute kochen nur mit Wasser – und bei guter Auswahl der Zutaten kann Ihr eigenes Börsensüppchen nahrhafter sein als das der Profis!

Informationen sammeln

Zeitungen und Zeitschriften

Als Tageszeitung lese ich seit Jahren mit Begeisterung die **Süddeutsche Zeitung**. Hier findet man einen breiten Wirtschaftsteil mit den wichtigsten Börsenkursen vom Vortag. Die Meldungen über Unternehmensnews reichen mir für eine grobe Orientierung aus.

Euro am Sonntag
ist eine Zeitung, die nur sonntags erscheint und in Tankstellen, Bahnhöfen oder auch beim Bäcker zu erhalten ist. Sie finden hier die Wochenschlusskurse vom Freitagabend mit Zusatzinformationen über Jahreshoch und Jahrestief sowie die dazugehörigen Wertpapierkennnummern.

Das Handelsblatt
bringt täglich ausführliche und differenzierte Nachrichten über den gesamten Finanzbereich und ist durchaus auch für ungeübte „Wirtschaftsleser“ gut verdaulich.

Börse online,
ein Wirtschaftsmagazin mit eher vorsichtiger Ausrichtung und einem breiten und sehr ausführlichen Mittelteil, in dem Wertpapierkennnummern und verschiedene Kennzahlen zu finden sind.

Die Telebörse
als Printausgabe mit Artikeln der n-tv-Moderatoren und gut aufbereitetem Aktienteil.

Der Aktionär
ist eine Börsenzeitschrift, die von Bernd Förtsch herausgegeben wird, der auch Fonds mit ganz hervorragender Entwicklung managt und mit seinen sehr spekulativen und zukunftsorientierten Empfehlungen des Öfteren für Furore sorgt!

Focus Money
mit deutlicher Ausrichtung auf die Börse und vielen Infos zu börsennotierten Unternehmen.

Die Wirtschaftswoche
ist eine meiner Lieblingszeitschriften wegen ihres breiten Informationsspektrums und den weit vorausschauenden Berichten über den gesamten Wirtschaftsbereich und dem speziellen Aktienteil.

Finanzen
ist ein breit angelegtes Magazin, das alle vier Wochen erscheint. Sehr gut aufbereitete Übersicht über Fonds.

Internet

fin.wis gmbh news: Die Zeitung für finanzielle Weisheit von Bodo Schäfer. (Internet: www.finwis.de) Hervorragende, in die Tiefe gehende Finanzzeitung mit Musterdepots für Fonds.

Im **Internet** habe ich mir schon oft verschiedene Infos zu Unternehmen und vor allem zu historischen Kursverläufen geholt. Es lohnt sich, hier mal ein paar teure Online-Minuten zu investieren und die Fülle an Informationen zu durchstöbern.

Und hier meine Lieblingsseiten:

http://www.comdirect.de: Kursabfrage, Musterdepot kostenlos mit täglicher Aktualisierung der Kurse und Ausweisung von Gewinnen und Verlusten.

http://www.consors.de: ebenfalls Kursabfrage, auch in Echtzeit (d.h. ohne die sonst übliche Zeitverzögerung von 15 Minuten), außerdem Zugang zum amerikanischen Depot bei webstreet securities und der Echtzeitanzeige der amerikanischen Werte.

http://www.onvista.de: Kursverläufe, Empfehlungen von Analysten und anderes

http://de.finance.yahoo.com: Hier lassen sich auf einen Blick die 30 DAX-Werte, die Nemax-50-Werte (die 50 größten Unternehmen am Neuen Markt) oder die Werte der anderen Marktsegmente ansehen – mit Zusatzinfos über die Firmen und neueste Meldungen.

http://www.mootley.fools.com: Die Mootley-Fools sind eine Gruppe von Informatoren, die relativ unabhängig sind und versuchen, die eigene Entscheidungsfähigkeit der Anleger zu verstärken. Mit ausgezeichneter Recherche und Berichten zu aktuellen Themen. Kostenlose E-Mail-Nachrichten.

http://www.schnigge.de: Infos zur vorbörslichen Situation, mit Graumarktkursen. Hier erfährt man, zu welchem Preis neu an den Markt kommende Aktien bereits gehandelt werden. Man kann also einen Trend erkennen, das heißt, ob kurzfristig mit Zeichnungsgewinnen zu rechnen ist oder nicht.

Fernsehen

n-tv

Im Fernsehen hat sich seit einigen Jahren die Telebörse auf n-tv etabliert und eine große Fangemeinde um sich geschart.

Die Abendsendungen nach 19 und 22 Uhr schließen den amerikanischen Aktienmarkt in die Berichterstattung mit ein. Am späten Freitagabend um 22.15 Uhr erfreut sich das „call-in" großer Beliebtheit. Sie können hier direkt in die Sendung hinein anrufen und Fragen zu Ihren Aktien stellen. Jedes Mal sitzt dort zusammen mit dem n-tv-Moderator ein anderer Börsenfachmann, und es ist sehr interessant, die unterschiedlichsten Einstellungen der Profis zu den Aktienaussichten zu hören.

Das Interesse an solchen Sendungen ist riesengroß; bei all unseren Börsenfreunden sind diese „Sitzungen" am Freitagabend Pflichtveranstaltungen! Und – ein Wort in Richtung n-tv: Diese Sendungen kann man ausdehnen! Hohe Einschaltquoten sind Ihnen gewiss!

3sat-Börse

Kultstatus hat die 3sat-Börse am Freitagabend ab 21.30 Uhr erreicht. Im ersten Sendeteil werden jeweils interessante Firmen vorgestellt, dann folgt ein Interview über Finanz- oder Steuerthemen und anschließend folgt das viel beachtete Börsenspiel. Es werden drei Börsenfachleute eingeladen, die jeder für sich ein Aktiendepot zusammenstellen, deren Entwicklung von Woche zu Woche besprochen und verglichen wird.

Schnuppern Sie am Anfang überall einmal hinein und versuchen Sie, im Informationsfluss einfach nur mitzuschwimmen. Mit der Zeit wird Ihnen vieles vertraut sein, und Sie können sich auf die Angebote beschränken, die Ihnen am meisten zusagen.

Trockenübungen

Probieren Sie am Anfang ruhig erst „auf dem Trockenen“ aus, wie sich Ihre Aktienkäufe entwickeln würden – dazu gibt es watchlists und Musterdepots, die man sich im Internet oder auch ganz einfach zu Hause mit Bleistift und Papier anlegen kann.

Die Musterdepots im Internet haben den Vorteil, dass Sie die Gewinne oder Verluste, die Sie bei einem Kauf gemacht hätten, tagesgültig aktualisiert und fix und fertig ausgerechnet in Ihrer Übersicht haben.

Ganz einfach geht es mit einer selbst gemachten Liste, in die Sie einmal wöchentlich, z.B. am Freitagabend, die aktuellen Kurse eintragen und die so aussehen könnte:

Aktienkurs	**Japan**	**SAP**	**AOL**	**Nokia**
Woche 1	15	245	62	44
Woche 2	13	256	66	42
Woche 3	14	280	70	48
Woche 4	12	270	68	52

Die Wochenschlusskurse finden Sie samt Wertpapierkennnummer in der Euro am Sonntag, ansonsten auch sehr übersichtlich im Teletext von ZDF oder n-tv.

Auch wenn sie die ersten „echten“ Aktien schon in ihrem Depot liegen haben, können Sie sie ganz einfach ohne großen Aufwand mit Papier und Bleistift verfolgen.

Kauf-Datum	Anzahl	Aktie	Einkaufs-kurs	Verkaufs-kurs
......	......	Samsung	......	......
......	......	Nokia	......	......
......	......	......	......	......

Depoteröffnung

Während Sie auf diese Weise das Geschehen an der Börse mit einem Auge verfolgen, sollten Sie parallel dazu die Depoteröffnung in Angriff nehmen.

Sie können bei Ihrer Hausbank ein Depot eröffnen. Dem geht immer ein Informationsgespräch in der Bank oder Sparkasse voraus, durch das Sie auf die besonderen Risiken im Wertpapiergeschäft aufmerksam gemacht werden. Erst dann werden die Anmeldeformulare unterschrieben. Danach können sie gegebenenfalls sofort eine Order aufgeben, und zwar direkt über den Angestellten der Bank.

Sie können auch in Eigenregie über die telefonische Hotline Aktien kaufen oder verkaufen – sie ist von den Gebühren her in aller Regel wesentlich preiswerter als der Weg über den Banker, schließt aber keine Beratung in Wertpapierfragen mehr ein.

Wollen Sie Ihre Käufe und Verkäufe ohne jegliche Beratung über die Telefonhotline selbst erledigen, so müssen Sie das in Ihrem Geldinstitut ausdrücklich sagen. Sie werden dann angemeldet und bekommen zusätzlich zu Ihrer Depotnummer eine Geheimzahl, mit der Sie sich bei Ihren Anrufen legitimieren. So existiert beispielsweise bei der Volksbank die Hotline Volksbank direkt, bei der KSK die S-orderline und bei der Deutschen Bank die Bank24.

Eine dritte Möglichkeit besteht in der Depoteröffnung bei einer Direktbank wie Consors in Nürnberg, comdirect in Quickborn, Entrium (ehemalige Quellebank), pulsiv.com, Direkt Anlage Bank usw. Sie haben hier keine Filiale vor Ort, sondern treten nur übers Telefon, Fax oder Internet in Verbindung.

Wie bei den Hotlines gibt es keine Beratung oder Empfehlung zu Ihren Börsengeschäften. Direkt Banken wickeln lediglich Ihre Orders ab, d.h., sie leiten Ihre Käufe oder Verkäufe an die verschiedenen Börsenplätze weiter.

Vorteil sind die schnelle Abwicklung der Aufträge und die preiswerte Ausführung. So zahlen Sie z.B. 20 bis 30 DM für einen Wertpapierkauf oder -verkauf im Umfang von 5000 DM; das ist nur die Hälfte der Gebühren der örtlichen Banken.

Es ist durchaus sinnvoll, mehrere Depots zu unterhalten – ebenso wie Sie sich über verschiedene Kanäle den Weg zur Börse freihalten sollten:

- über die örtliche Hausbank,
- die telefonische Hotline
- und auch übers Internet.

Es werden Zeiten kommen, in denen entweder alle Börsianer auf einmal kaufen oder verkaufen wollen, und ich habe es schon oft erlebt, dass telefonisch kein Durchkommen war, aber zum Glück der Weg übers Internet frei war. Es ist mir auch passiert, dass mein Computer streikte, die Festplatte nicht mehr fand oder mein Modem nicht mehr erkannte, und das natürlich immer zu Zeiten, wo ich unbedingt sofort an die Börse wollte!

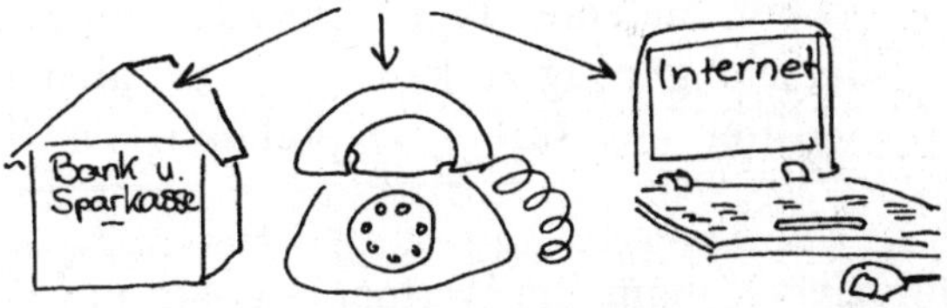

Deshalb mein dringender Rat: Wenn Sie wissen, dass Sie nicht nur einmal im Jahr kaufen oder verkaufen wollen, sichern Sie sich mehrere Zugangswege zur Börse beziehungsweise zu Ihrer Bank.

Zeichnung

Ein weiterer Vorteil mehrerer Depots besteht in der verbesserten Möglichkeit zu zeichnen.

Wenn Firmen neu an die Börse gehen und ihre Papiere zum Kauf anbieten, lohnt es sich oft, sie vor deren Börsengang zu „bestellen“, und die Chancen auf Zuteilung von Aktien sind natürlich größer, wenn Sie bei derjenigen Bank ein Depot unterhalten, die an der Neuemission beteiligt ist.

Kredit

Bei jedem Depot können Sie sich einen Wertpapierkredit einräumen lassen, dessen Höhe abhängig ist von Ihrem Bestand und seinem Wert. Dies kann sinnvoll sein, wenn Sie eines Tages eine Aktie entdecken, die gerade sehr günstig zu kaufen ist, Sie aber keine liquiden Mittel auf Ihrem Depotkonto zu liegen haben.

Sie überziehen dann Ihr Wertpapierkonto um diesen Betrag und bezahlen im Vergleich zum Hypothekenkredit wesentlich weniger Zinsen.

Vor einem ständigen Aktienkauf auf Kredit muss allerdings gewarnt werden: Rauschen die Kurse einmal in den Keller und Ihre Kreditlinie wird überschritten, kann es zu Zwangsverkäufen kommen, dies dann ausgerechnet zu Tiefstkursen, oder Sie werden höflich darum ersucht, Kapital nachzuschießen.

Noch ein Wort zur Depoteröffnung bei Direktbanken: Zunächst kommt ein Paket an Formularen auf Sie zu, es ist aber halb so schlimm, wie es aussieht.

Jedem Paket liegt ein Depoteröffnungsantrag bei, den Sie ausfüllen und auf dem Sie sich selber bezüglich Ihrer bisherigen Wertpapiererfahrung einschätzen. Wenn Sie sich hier als unerfahren darstellen, kann es passieren, dass Sie beim Ordern von Wertpapieren darauf hingewiesen werden, dass die Risikoklasse die zu Ihrem Anlageprofil passende überschreitet. Je nach Bank bleibt es bei diesem Hinweis, oder aber die Order wird verweigert (so erlebt bei dem Kauf eines Fonds einer hohen Risikoklasse).

Dem Depotantrag liegt auch ein Formular zur Wertpapierübertragung bei; Sie können also eventuell vorhandene Aktien oder Fonds, die Sie bereits bei einer anderen Bank liegen haben, auf Ihr neues Depot übertragen lassen. Das allerdings kostet wiederum Gebühren. Erkundigen Sie sich bei der Bank, die Sie verlassen wollen, nach den Kosten!

Wenn diese leidige Arbeit geschafft ist, marschieren Sie mit den Unterlagen und Ihrem Ausweis zu einer Poststelle, um anhand Ihres Ausweises eine „Identitätsfeststellung" vornehmen zu lassen.

Dabei werden Unterschrift und Ausweisnummer auf Übereinstimmung mit den Angaben im Formular überprüft, und das Ganze wird an die Direktbank geschickt.

Anschließend müssen Sie mit etwa zwei bis drei Wochen Wartezeit rechnen, bis Sie Ihre Konto-/

Depotnummer erhalten und, falls Sie Internetbroking als weitere Möglichkeit angegeben haben, auch Ihre PIN (Geheimzahl = **P**ersönliche **I**dentifikations-**N**ummer, die Sie immer brauchen, wenn Sie eine Order aufgeben, ob übers Internet oder telefonisch) und TANs (**T**rans**a**ktions**n**ummern, die Sie bei jeder Order übers Internet nacheinander verbrauchen). Das alles klingt kompliziert, vor allem, wenn Sie diese Prozedur das erste Mal bewältigen.

Sie sind aber damit in ein System eingeklinkt, das in der täglichen Handhabung sehr einfach und praktikabel ist. Sie haben, wenn Sie Ihr Depot im Internet aufrufen, immer den aktuellen Überblick über den jeweiligen Stand mit aktuellen Kursen und meist auch rechts den entsprechenden Gewinn oder Verlust seit Aktienkauf verzeichnet.

Wenn Sie sich entschieden haben, Ihr Kapital mit Aktien oder Aktienfonds zu vermehren, lassen Sie sich nicht durch übereifrige Banker verunsichern und durch an die Wand gemalte Katastrophenszenarien verschrecken! Das Sparbuch oder Festgeldkonto ist keine Alternative zum Aktienkauf!

Dabei verdient nur einer – und das sind ganz bestimmt nicht Sie!

Der erste Aktienkauf

Mit vielen meiner Börsenfreunde habe ich die ersten Schritte beim Aktienkauf gemeinsam gemacht.

Mit dem Telefon (Tonwahlfähiges Telefon)

Zunächst empfiehlt es sich, die Orderhotline einfach mal anzurufen und sich durch das ganze Menü schleusen zu lassen, um einen Einblick in die telefonische Menüführung zu bekommen. Es ist enorm hilfreich, sich nacheinander einmal die einzelnen Schritte aufzuschreiben und die Fakten zu notieren, die dann im „Ernstfall“ benötigt werden.

Machen Sie sich ruhig bei den ersten Aktienkäufen eine Liste mit den Daten, die Sie während des Telefonats brauchen, als da sind:

- Telefonnummer der Hotline: ......
- Depotnummer: ......
- Geheimzahl oder Geheimwort (möglichst nur im Gedächtnis!)

Wenn Sie dann mit einem Mitarbeiter der Direktbank verbunden sind, werden Sie nach

1. Kauf oder Verkauf gefragt,
2. der Anzahl der Aktien und der dazugehörenden Wertpapierkennnummer,

3. dem gewünschten Börsenplatz,
4. der Art des Handels (z.B. zum Kassakurs = hier werden morgens alle eingehenden Wertpapierkäufe und Verkäufe gesammelt und mittags zu einem Kassakurs abgerechnet, oder variabel, das heißt laufend, während des ganzen Tages),
5. und ob Sie ein Limit setzen wollen (wenn Sie beim Verkauf z.B. einen Mindestkurs erzielen wollen oder beim Kauf einen Höchstkurs angeben, zu dem Sie bereit sind zu kaufen) oder ob Sie darauf verzichten und „bestens", d.h. zum gerade aktuellen Kurs, verkaufen und „billigst", d.h. wiederum zum aktuellen Kurs, einkaufen wollen.
6. Zum Schluss wird noch die Laufzeit der „Order" (Aktienkauf und -verkauf) erfragt. Sie können hier angeben, ob die Order nur für heute gültig sein soll (tagesgültig) oder für den ganzen Monat (monatsgültig oder ultimo).

Die freundliche Stimme am anderen Ende der Leitung wiederholt nun Ihren Auftrag noch einmal, und Sie können ihn bestätigen oder korrigieren. Jetzt wird Ihr Auftrag an den ausgewählten Börsenplatz geschickt und möglicherweise sind Sie schon zwei Minuten später stolzer Aktienbesitzer.

Im Internet verläuft die Prozedur mit denselben Angaben unter Verwendung der TAN-Nummer, die Sie zur Bestätigung des Handels ganz am Ende brauchen.

Wenn Sie die Ordermaske ausgefüllt haben, erscheinen Ihre Angaben zusammengefasst zur Einsicht und Sie können nochmals alles kontrollieren.

Kauf ❍ Verkauf ❍

WKN Nummer

Stück

Limit

Ordergültigkeit ❍ tagesgültig oder
❍ ultimo

Börsenplatz bitte auswählen ▽

Wenn Sie dann auf „freigeben“ klicken, werden Sie aufgefordert, eine unverbrauchte TAN aus Ihrer Liste einzutragen, erst damit geben Sie die Bestätigung für den Aktienhandel und Ihr Auftrag geht nun an die Börse.

Hindernisse auf dem Weg zum eigenen Depot

Ich habe mit der Beratung und Depoteröffnung bei unserer örtlichen Kreissparkasse sehr gute Erfahrungen gemacht. Wichtig ist bei allen Kontakten mit den Geldinstituten, dass Sie Ihre Ziele klar vertreten und wissen, was Sie wollen.

Eine auf dem Land lebende junge Lehrerin musste einen wahren Hindernislauf absolvieren, bis sie ihr Depot und ihr Kapital in Händen hielt und selber darüber verfügen konnte! Total unbedarft und arglos betrat sie die Schalterhalle ihrer Bank und flüsterte der Bankangestellten zu, dass sie ihr Geld gerne abheben wollte. „Moment mal, Gerti, was „willscht" du denn mit dem ganzen Geld?", war die schneidende Frage.

Gerti fühlte sich zur ehrlichen Antwort verpflichtet und gestand, dass sie Aktien kaufen und dafür ihr Geld abheben wolle. Blankes Entsetzen spiegelte sich in dem bäuerlichen Gesicht der Angestellten wider: „Ja Gerti, wer hat dir denn *den* Floh ins Ohr gesetzt? Was sagen denn deine Eltern dazu?" (Gerti war gerade 28 geworden)

Gerti wusste nicht, wie ihr geschah – aber es fiel ihr ein, dass eigentlich doch sie Eigentümerin des Geldes war und logischerweise darüber verfügen können müsste.

Es war mühevoll, aber letztendlich erfolgreich, als Gerti wortreich und auf Einhaltung der Höflichkeitsform bedacht, ihr Geld losgeeist hatte und es auf ihr neues Depot der Kreissparkasse überweisen ließ. Inzwischen nutzt sie online banking und ist so nicht mehr gezwungen, sich solchen unqualifizierten Äußerungen auszusetzen, und hat das Gefühl, wieder frei über ihre eigenen Geldangelegenheiten bestimmen zu können!

Entsprechende Erfahrungen machte auch Tina, eine in allen Geld- und Bankangelegenheiten extrem vorsichtige und misstrauische Bekannte. Noch vor Jahren hatte sie den Vorschlag, eine beträchtliche Summe an Geld nicht auf dem Girokonto verkommen zu lassen, sondern wenigstens bei einer renommierten Direktbank zu höheren Zinsen unterzubringen, mit entschiedenem Nein von sich gewiesen. „Was ist, wenn die Bank Pleite macht …?

Irgendwann aber ließ sie sich dazu einladen, an Vorträgen über Aktien und Fonds teilzunehmen und baute dadurch ihre Angst langsam ab. Sie konnte anhand von vielen Berichten sehen und nachprüfen, dass Aktien lang- und oft auch kurzfristig eine tolle Aufwärtsentwicklung bieten.

Allen Mut zusammenraffend, betrat sie das Bankgebäude, bei dem sie ihre Scheine bisher untergebracht hatte, und wollte die Überweisung auf ihr neu eingerichtetes Depot veranlassen. Doch so schnell wollte die Bank das Geld nicht herausrücken. Eine Beratung wurde anberaumt, der Tina mit großem Unbehagen entgegensah.

Ihr war klar, dass sie mit dem simplen Wunsch nach Aktien und dem spärlichen Wissen über diesen riesengroßen Fachbereich ihren Gesprächspartnern unterlegen war und ihnen wenig entgegensetzen konnte. Es kam, wie sie es befürchtet hatte: Die Angestellte der Bank vermittelte durch geschickte Fragen und Einwände, wie wenig Kompetenz unsere Bekannte in Gelddingen erkennen ließ und dass sie ihr Kapital lieber lassen sollte, wo es war. Allenfalls eine längere Festlegung des Kapitals mit etwas höheren Zinsen wäre für sie als sicherheitsbewusste Kundin geeignet. In Horrorszenarien wurde ihr ausgemalt, welche „Top-Firmen“ bereits „den Bach runtergegangen“ waren, das Kapital der Anleger mit sich reißend!

Mit Mühe konnte Tina die wieder aufkeimenden Urängste zurückdrängen. Sie entschied sich, bei dem eingeschlagenen Weg zu bleiben, und bestand auf Auszahlung des gesamten Kapitals.

Kurz streifte ein Gedanke ihre Entscheidung, ob sie nicht einen Teil des Geldes in der von der Bank empfohlenen Anlageform lassen sollte, um die Angestellte wieder zu besänftigen!

Gott sei Dank verflog diese Versuchung so schnell, wie sie aufgetaucht war. Ich staunte nicht schlecht, als sie dann eines Tages 50 Prozent ihrer Ersparnisse in Aktien und Fonds investierte. Sie streute die Investitionen breit nach Ländern, Branchen und Risikoklassen, einen Teil in Aktien, einen Teil in verschiedene Fonds.

Das restliche Kapital diente ihr, als Festgeld gut angelegt, für ein mentales Sicherheitspolster und war außerdem zum eventuellen Nachkauf günstiger Aktien gedacht.

Sie hat ihre Angst und übertriebene Vorsicht überwunden und das Ziel, ihre monatliche Arbeitszeit zu reduzieren und früher in den Ruhestand zu treten, fest im Visier. Bei Tina konnte ich eine solide Entwicklung von der überängstlichen, ahnungslosen Frau zur selbstbewussten, krisenfesten Anlegerin besonders gut beobachten:

Im letzten Jahr sah sie ihre Kurse in die Tiefe rauschen. Doch anstatt mit Panik zu reagieren, sammelt sie häppchenweise viel versprechende Aktien ein und baut sich ein gut strukturiertes Portfolio.

Sie denkt langfristig, kann auch in dieser trüben Börsenzeit gut schlafen und ist so manchem Hektiker und Schwarzseher meilenweit voraus! Souverän handhabt sie ihr Depot und vor telefonischem Aktienhandel graut ihr schon längst nicht mehr.

Wie viele Börsenfreunde kenne ich, die allein auf Grund der arroganten Besserwisser-Mentalität von Bankangestellten mit fliegenden Fahnen zu Direktbanken übergewechselt sind!

Übereinstimmend höre ich von ihnen, wie angenehm es sei, den Aktienkauf oder -verkauf mit den freundlichen Mitarbeitern in den Callcentern abzuwickeln.

Dazu kommen die niedrigeren Gebühren beim Wertpapierhandel, was sich bemerkbar macht, wenn das Depot öfter mal umgeschichtet wird.

Im Laufe der Zeit häufen sich Mitteilungen der Banken über die Aktienkäufe und -verkäufe. Es hat sich bewährt, einen einfach strukturierten Ordner nur dafür anzulegen. So habe ich in die Rubrik „aktuell" die zur Zeit im Depot liegenden Aktien und in die Rubrik „verkauft" die bereits verkauften Aktien (d.h. natürlich die entsprechende Benachrichtigung von der Bank) eingeordnet. Dies vereinfacht enorm den Überblick und die Zusammenstellung für die Einkommens- oder Lohnsteuererklärung.

Aller Anfang ist leicht ...

Die Jahreszeiten – die Börsenzeiten

Grundsätzlich ist der Einstieg in den Aktienmarkt jederzeit möglich. In den vergangenen Jahren und Jahrzehnten haben sich aber besonders günstige Monate für den Kauf von Aktien herauskristallisiert. Diesen Zeitraum zu nutzen ist empfehlenswert. So sind die Sommer- und Herbstmonate eigentlich immer gute Einstiegszeitpunkte gewesen.

Achten Sie auf die allgemeinen Trends, die Sie in den Zeitungen, Zeitschriften oder auch bei den Börsennachrichten im Fernsehen beschrieben finden.

In der Regel fangen die Aktien bereits im Juli und August an zu schwächeln, im September und Oktober setzt häufig eine Talfahrt ein, manchmal verbunden mit geringem Handelsvolumen und negativen Unternehmensnachrichten. Dies ist auch häufig die Zeit für Gewinnwarnungen und Veröffentlichungen schwacher Quartalszahlen. Ich hatte den Eindruck, dass schlechte Meldungen die Aktien besonders im Herbst nach unten ziehen und eine Talfahrt in Gang setzen, die einige Monate andauern kann.

Hier hat es sich bewährt, ruhig Blut zu bewahren, nicht nach dem ersten Kursrutsch einzukaufen, sondern abzuwarten, bis auch die allgemeine Börsenstimmung ins Negative dreht. Das erkennen Sie daran, dass in

Zeitschriften vermehrt die Risiken und die düsteren Aussichten der Wirtschaft ausgemacht, und Ängste vor Aktien geschürt werden.

Auch hierbei gilt: Registrieren aber glauben Sie nicht alles und vor allem, bewahren Sie Ruhe – cool bleiben ist angesagt. Solange der Abwärtstrend anhält und immer wieder ein Rutsch nach unten die Gemüter der Börsianer erschreckt, sollten Sie Ihr „Pulver noch trocken halten", „Cash aufbauen" oder „short sein" – so das Börsenlatein für „nicht investieren".

Hier spart vor allem die Befolgung der Börsenregel „Greife nie in ein fallendes Messer" (gleichnamiger Titel des sehr empfehlenswerten Buches von Friedhelm Busch) viel Geld und Nerven.

Bis November sind meist alle erdenklichen Negativnachrichten in den tiefen Kursen eingespeist und berücksichtigt. Jetzt ist der Zeitpunkt gekommen, den Einkaufskorb zu öffnen.

Nachdem die „zittrigen Hände" (Kostolany) ihre Papiere auf Grund der negativen Meldungen Unternehmen und Wirtschaftsaussichten abgegeben haben, setzt oft eine kurze Zeit der Seitwärtsbewegungen ein oder auch eines Aufwärtstrends, der dann noch einmal nach unten dreht, um schließlich zögernd, immer deutlicher aufwärts zu zeigen.

In der Zwischenzeit haben Sie sich interessante Aktien herausgesucht, und hier hat sich für den Einstieg folgende Strategie bewährt:

Da Sie nicht wissen, ob die Aktien bereits ihren Tiefststand erreicht haben, (das kann Ihnen kein Guru, kein Analyst und kein Banker verraten), investieren Sie zunächst nur ein Drittel oder die Hälfte des Kapitals, das für diese Aktie gedacht ist.

Ganz gut geglückt ist mir das Ein- und Aussteigen bei der EMC, hier war es selbst in diesem „Bärenmarkt" möglich, gute Gewinne zu machen:

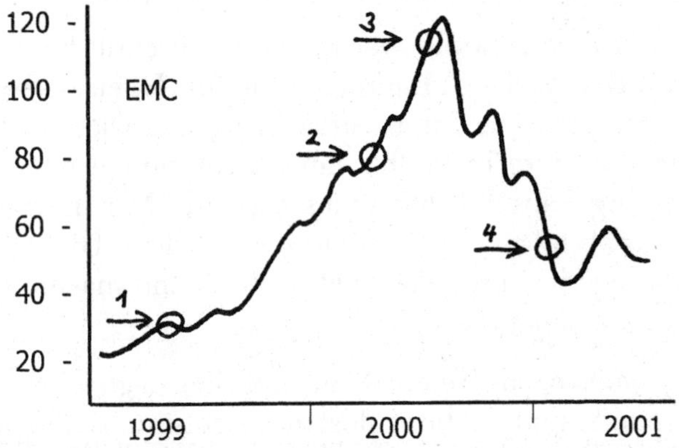

Pfeil 1: Einkauf bei 30 Euro
Pfeil 2: Teilverkauf bei 80 Euro
Pfeil 3: Restlicher Verkauf bei 115 Euro
Pfeil 4: Neuer Einstieg bei 50 Euro

Sollte der Kurs der Aktie weiter nachgeben, würde ich hier wieder nachkaufen. EMC steht daher weiterhin auf meiner „Beobachtungsliste".

Wichtig scheint mir, dass Sie bei niedrigen Kursen die Anzahl der gekauften Aktien erhöhen, was automatisch geschieht, wenn Sie genau wieder ein Drittel, also eine feste Summe, einsetzen. Diese Vorgehensweise sollten Sie aber niemals bei Unternehmen anwenden, von denen Sie außer dem Namen und dem guten Rat eines Freundes nichts wissen! Denn durch Blindkäufe unbekannter, billiger Aktien riskieren Sie Ihr Kapital – hier gilt die Börsenregel, nicht gutes Geld dem schlechten hinterherzuwerfen!

Und hier das abschreckende Negativbeispiel:

Die Aktie **starmedia** war in einer Zeitschrift kurz als spanischsprachiges Internetportal für Lateinamerika beschrieben. Die Information klang mal wieder sehr Erfolg versprechend, für eine Investition waren sie allerdings absolut nicht ausreichend. Nur meinem Spieltrieb folgend, investierte ich trotzdem. Die Aktie stand bei 50 Euro, also kaufte ich … und machte die folgende Talfahrt mit:

Bei 33 Euro stoppte die Aktie, die Gier siegte über die Vernunft, und in bodenlosem Leichtsinn kaufte ich hier nach:

Und weiter ging die Talfahrt! Wenn es nur wenigstens eine Berg- und Talfahrt gewesen wäre! Bei 18 Euro kaufte ich wieder nach:

Und schließlich landete ich unter 10 Euro!

Bei 9 Euro warf ich die Aktie aus dem Depot. Während ich hier die Aktienentwicklung beschreibe, steht sie bei 6 Euro. Meine Anlegerpsyche war voll zum Tragen gekommen. Als typischer Aussitzer steige ich meist erst sehr spät aus, weil ich immer noch auf eine Trendumkehr hoffe, wo eigentlich nichts mehr zu hoffen ist!

Interessant ist dabei der Gedankengang, der zu solch haarsträubendem Verhalten führt: Dachte ich am Anfang noch, dies sei sicher eine interessante Geschäftsidee, da will ich von Anfang an dabei sein (aber es war natürlich nicht mehr der Anfang), kamen bei anhaltender Talfahrt immer mehr Gefühle hinzu, die die Entscheidung beeinflussten.

Anstatt bei 33 Euro zu sagen: „Ich kenne die Firma fast gar nicht, ich weiß nichts über die Probleme, die unter Umständen zu diesem Kursrutsch geführt haben, also ziehe ich die Notbremse!“, wollte ich nicht von einem vermeintlichen Knaller die Finger lassen. Trotz stellte sich ein: „Die Aktie wird sich schon wieder berappeln, es wäre schade, nicht nachzukaufen… Ganz wichtig ist hier die Warnung: Werfen Sie niemals gutes Geld schlechtem hinterher!

Und schlechtes Geld würde ich vorsichtshalber immer da vermuten, wo ich zu wenig über eine Firma weiß!

Spekulationsfrist

Bei allem Handeln und Überlegen spielt auch die Spekulationsfrist eine Rolle. Aktiengewinne sind nur dann steuerfrei, wenn sie mindestens ein Jahr und einen Tag in Ihrem Depot lagen.

Werden sie früher verkauft, müssen Sie die Gewinne (falls sie über 999,99 DM liegen) mit Ihrem üblichen

Steuersatz versteuern. Dabei können Sie aber die Verluste gegenrechnen, die innerhalb eines Jahres durch den Verkauf gefallener Aktien entstanden sind.

Fonds

Nicht nur für Aussitzer ist der folgende Abschnitt gedacht. Als sinnvolle Ergänzung zum „stock-picking“, also zur gezielten Auswahl von Einzelaktien, bieten sich Aktienfonds an, die von ausgebildeten und erfahrenen und unterschiedlich erfolgreichen Fondsmanagern betreut werden.

Vorteil für Sie:

Sie müssen sich nicht um einzelne Aktien kümmern und diese selber auswählen – das erledigt der Fondsmanager für Sie.

Sie beteiligen sich mit einer bestimmten Summe an diesem Fonds und erhalten so entsprechende Anteile am Gesamtvermögen des Fonds gutgeschrieben. Steigen die Kurse der Aktien, die der Fondsmanager ausgewählt hat, wird auch Ihr Anteil wertvoller, sinkt der Wert der ausgesuchten Aktien im Fonds, wird auch Ihr investiertes Kapital weniger.

Die Wertentwicklung hängt hier von der Kunst des Fondsmanagers ab. Für seine Arbeit bezahlen Sie beim Kauf einen bestimmten Prozentsatz als Ausgabeaufschlag. Der kann sehr unterschiedlich sein und bewegt sich meistens in der Bandbreite von 2,5 bis 6 Prozent des Einsatzes.

Auch hier gilt wie für Aktien: Halten Sie die Fondsbeteiligung ein Jahr und einen Tag, ist der Gewinn bei einem anschließenden Verkauf der Anteile steuerfrei. Der Fondsmanager kann indes nach eigenem Belieben auch innerhalb der Spekulationsfrist Aktien kaufen und verkaufen; für ihn gilt keine Haltefrist.

Die Fonds gibt es in allen Variationen. Sie beschränken sich oft in ihrem Schwerpunkt auf einen Anlagebereich, z.B. in Deutschland oder den USA, oder aber sie setzen einen Branchenschwerpunkt.

So gibt es Neuer-Markt-Fonds, die sich ganz auf junge Firmen konzentrieren oder Technologien- oder Japan- oder Biotechnologiefonds, die entsprechend volatiler sind, d.h., hier sind große Schwankungen von oft 20 oder mehr Prozent rauf und runter alltäglich. Wer es etwas ruhiger mag, kann weltweit anlegende Fonds ohne Einschränkung auf Länder oder Branchen kaufen. Doch auch hier gilt: Es gibt riesige Unterschiede in der Performance der Fonds, und es lohnt sich, erst einmal Informationen über bisherige Wertentwicklungen und bisherige Erfolge des Fondsmanagers einzuholen und auch nachzuforschen, welche Aktien den stärksten Anteil in seinem Fonds ausmachen.

Auch für Fonds gilt, was bei der Aktienauswahl wichtig ist:

Setzen Sie nie alles auf eine Karte, teilen Sie Ihr Kapital auf und streuen Sie so Ihr Risiko!

Kaufen Sie also ruhig mit entsprechend weniger Geld mehrere Fonds und halten Sie diese.

Fondssparen

Eine ganz hervorragende Möglichkeit bietet das Fondssparen:

Hier zahlen Sie nicht einen Einmalbetrag in den Fonds ein, sondern überweisen Monat für Monat einen bestimmten Betrag auf das Fondskonto. So wird monatlich stets die gleiche Summe zum Kauf von Fondsanteilen verwendet, und es tritt der Cost-average-Effekt ein: Sie kaufen bei hohen Kursen automatisch weniger Anteile ein, und bei tiefen Kursen bekommen Sie deutlich mehr Anteile. Ein weiterer Vorteil bei dieser Methode ist das Umgehen psychologischer Barrieren in Baissephasen und natürlich auch das Austricksen der Kaufeuphorie in Boomzeiten!

Der große Börsenmeister André Kostolany wusste, dass die Kurse an der Börse gerade mal zu 10 Prozent von Fakten bewegt werden. Alles andere ist reine Psychologie!

Konkret erlebt: Vor allem am Anfang meiner Börsenzeit ließ ich mich in Baisse- oder Korrekturphasen stimmungsmäßig mitziehen und verkaufte wie viele andere in Panikstimmung; und ich hatte Angst, in einem trüben Wirtschaftsumfeld Aktien zu niedrigen Kursen zu kaufen.

Andererseits war ich in Boomphasen immer stark versucht, weitere Aktien zu kaufen.

Unterschätzen Sie diesen Effekt nicht! Durch das regelmäßige Einkaufen im Sparplan wird Ihnen der konkrete Entschluss zum Kaufen abgenommen, und

Sie umgehen Entscheidungen rein aus dem Gefühl heraus.

Meine Empfehlung:

Legen Sie auch für Ihre Kinder einen solchen Sparplan an und lassen Sie „nebenher" für Ihre Sprösslinge ein Vermögen wachsen. Je früher Sie damit anfangen, desto gewaltiger ist die Rendite.

Fonds können Sie bei Banken, Sparkassen und Direktbanken (oft reduzierter Ausgabeaufschlag) bekommen. Sollten Ihnen nur hauseigene Fonds angeboten werden und ist Ihr Wunschfonds nicht dabei, wechseln Sie die Bank und gehen Sie dorthin, wo man Ihnen das bietet, was Sie wollen.

Oder lassen Sie sich beim Kauf eines Elektroherdes zu einem anderen Fabrikat überreden, weil Ihr Wunschgerät dort nicht geführt wird?

Eine Fondsentscheidung hat weit reichende Konsequenzen, und nach ein paar Jahren kann der Unterschied in der Wertentwicklung in einem neuen Auto bestehen.

Selber erlebt:

Unser erster Fonds bringt langfristig, auf 100 Jahre gesehen, sicher eine weit bessere Rendite als das Sparbuch – da wir aber nicht ganz sicher waren, ob wir die nächsten 100 Jahre erleben und anschließend mit dem Kapital aus diesem Fonds noch etwas anfangen können, entschieden wir uns für ein schnelleres Pferd.

Erinnern Sie sich?

Einstieg in *Templeton Growth* Fonds mit all unseren ganzen Ersparnissen (Fehler!!) zu einem Anteilspreis von 20 Dollar – nach zwei Jahren Geduldsprobe und bereits ersten positiven Erfahrungen an der Börse holten wir unser nunmehr deutlich weniger gewordenes Kapital sukzessive zu 14, und dann zu 17 Dollar zurück.

Da wir inzwischen gelernt hatten, das Risiko durch Verteilung auf mehrere „Anlagen" zu streuen, vertrauten wir die Hälfte davon Bernd Förtsch für den **DAC UI** an. Verschiedener hätten die beiden Fonds nicht sein können:

Auf der einen Seite der als solider Langzeitfonds gepriesene Templeton und auf der anderen Seite der DAC-Fonds, eingestuft in der höchsten Risikoklasse!

Doch ohne Risiko kein Gewinn – und nachdem ich die größten Aktienpositionen des DAC kenne, sehe ich auch das große Potenzial der dort eingekauften Aktien. Durch die Auswahl an sehr zukunftsorientierten Firmen muss ich naturgemäß mit größeren Schwankungen und Überraschungen rechnen. Doch investiere ich lieber in volatilere Fonds als in landläufig als sicher definierte Anlagen, die sogar den Vergleich mit dem Sparstrumpf scheuen müssen.

Übrigens: Bereits nach einem Jahr hat der DAC den Verlust aus dem ersten Fondskauf mehr als wettgemacht und eine wahrhaft fürstliche Rendite erwirtschaftet.

Für die Auswahl von Fonds habe ich mehrere Informationen herangezogen:

- die Beteiligungen des Fonds, d.h., in welche Firmen in welchen Ländern investiert der Fonds
- die bisherigen Erfolge des Fondsmanagers über einige, auch schwierige Jahre hinweg (denn wer in der Vergangenheit ein geschicktes Händchen in der Zusammenstellung des Portfolios hatte, hat es vielleicht auch in der Zukunft)
- Übersichten und Detailinformationen im Internet z.B. über www.micropal.de
- Fondsempfehlungen in Bodo Schäfers Finanzzeitschrift „finwis", die in einer Art „Musterdepot" geführt und laufend aktualisiert und der Marktlage angepasst werden. Diese Zusammenstellung verfolge ich schon eine geraume Zeit und bin von der Treffsicherheit und dem Gespür für das Marktgeschehen begeistert!

Also: Wenn Sie das Gefühl haben, die Auswahl von Einzelaktien nicht selber in die Hand nehmen zu wollen oder zu können – auch mit einer guten Mischung an Fonds liegen Sie deutlich besser als mit einem normalen Sparbuch!

Börsenweisheiten

Im Laufe der Jahre haben sich an der Börse Sprichwörter etabliert, die oft als Begründung für Kauf und Verkauf herhalten müssen. Ich habe viele davon so nebenher in Börsennachrichten oder Büchern kennen gelernt und dabei manche Weisheiten – mitunter auch schmerzhaft – auf ihre Richtigkeit hin überprüft.

Greife nie in ein fallendes Messer!

Wie oft habe ich anfangs in fallende Messer gegriffen! Damit sind Aktien gemeint, die unvermittelt ihren Trend ändern und nach langen Anstiegen plötzlich in den Keller sausen. Irgendeine Vermutung, der Wechsel des Managements oder eine andere negativ interpretierte Nachricht mag der Grund hierfür sein. Was auch immer – es hat sich gezeigt, dass eine plötzlich einsetzende Talfahrt meist kein Tagesausrutscher ist, sondern nun für einige Zeit die südliche Richtung eingeschlagen wird.

Bestes Beispiel ist hier der frühere Börsenstar Double Click, ein Unternehmen, das sich auf Werbung im Internet spezialisiert hat und als Marktführer behauptet. Als irgendwann einmal das Gerücht auftauchte, die Werbeeinnahmen könnten zurückgehen, weil die Internetfirmen nach dem Platzen der Internetblase den Gürtel enger schnallen müssten, begann eine lange Talfahrt.

Von einem Höchststand bei 120 Euro rutschte die Aktie bis auf 12 Euro vor einigen Monaten ab. D.h., wer dummerweise auf dem Top eingestiegen ist, hat nun noch ein Zehntel des eingezahlten Kapitals (falls er jetzt verkauft).

An den vielen Zacken nach oben, die diese Talfahrt zwischendurch gebremst haben, ist zu erkennen, dass hier immer wieder ins fallende Messer gegriffen wurde in der Annahme, tiefer könne es bestimmt nicht mehr gehen!

Bei vielen Aktien habe ich festgestellt, dass ein einmal eingeleiteter Abwärtstrend eine Weile fortbesteht und oft erst nach einer längeren Seitwärtsbewegung ein neuer Trend nach oben ausgebildet wird.

An Gewinnmitnahmen ist noch niemand gestorben!

Stimmt – aber so richtig reich geworden auch nicht!

Mit solchen Sprüchen im Kopf hatte ich am Anfang Aktien mit Gewinn verkauft, musste aber in den allermeisten Fällen einsehen, wie falsch es war, aus guten Aktien einfach mal so auszusteigen!

Gewinne laufen lassen, Verluste begrenzen!

Dahinter steckt die Einsicht, dass man Aktien in Ruhe lassen soll, wenn sie sich in einem Aufwärtstrend befinden und es keine Hinweise darauf gibt, dass sich durch eine Verschlechterung der allgemeinen Börsen- oder Unternehmenslage eine Trendumkehr abzeichnet. Da jeder bei Verlusten eine andere Schmerzgrenze hat, muss man die Limits wohl individuell setzen und beachten. So ist es für einen vorsichtigen Anleger vielleicht sinnvoll, Aktien zu verkaufen, wenn sie 20 Prozent unter den Einstiegswert oder angepeilten Verkaufswert gefallen sind. Hier wird dann ein Stop-loss gesetzt, d.h., bei Erreichen eines bestimmten Kurses wird die Aktie auf jeden Fall verkauft. Damit erreicht man, dass die Verluste höchstens 20 Prozent ausmachen und eine eventuell einsetzende Talfahrt rechtzeitig beendet wird.

Problem: Dreht die Aktie kurz darauf wieder nach oben, hat man Pech gehabt!

Kaufen, wenn die Kanonen donnern!

Dieser Ratschlag birgt bares Geld in sich! Wenn um Sie herum die Wirtschaft zu versinken droht (in der Presse!) und jeder Unberufene genau weiß, dass wir einer neuen Weltwirtschaftskrise direkt in die Arme laufen, und selbst die Fachpresse Panikartikel veröffentlicht – dann sammeln Sie alles verfügbare Kapital, eilen zu Ihrer Hausbank und kaufen Aktien!

Es ist wie im Sommerschlussverkauf: beste Qualität zu unglaublichen Preisen!

Folgender Artikel ist typisch für das Sommer- und Herbstloch an der Börse und zeigt ganz gut die vorherrschende Stimmung (Oktober 2000):

„In den USA dominieren die Pessimisten das Börsengeschehen. Die Ergebnisse der Unternehmen werden auf das Genaueste auf Schwachstellen untersucht, und findet man dann ein Haar in der Suppe, dann werden diese Titel geschlachtet. Dies Schicksal ereilte am Mittwoch auch die Internet-Ikone Yahoo, im Tief rauschte das Papier mehr als 20 Prozent in den Keller. Im Moment beherrschen einfach die Bären das Geschehen an der Wall Street."

Quelle: www.instock.de

Gier frisst Hirn!

Kommentar überflüssig – selbst erlebt!

Bulle und Bär

Diese beiden netten Kollegen aus dem Tierreich stehen an der Börse stellvertretend für steigende (Bulle) und fallende Kurse (Bär).

Von einem Bärenmarkt spricht man dann, wenn längere Zeit die Aktien im Keller bleiben und kein Trend nach oben in Sicht ist. Der Bullenmarkt zeichnet sich zur Freude aller durch steigende Kurse über einen längeren Zeitraum hinweg aus.

Die Nase im Wind ...

An der Börse wird die Zukunft gehandelt! Und wenn ich in den drei letzten Jahren eins gelernt habe, dann dies: Die Antworten, die gestern richtig waren, sind es nicht auch automatisch heute und morgen.

Deshalb: Bleiben Sie nicht an den von mir mit mehr oder weniger Erfolg ausprobierten „Werten“ hängen, sondern machen Sie sich auf die Suche nach „Ihren“ Werten, die Sie für viel versprechend halten und von denen Sie etwas in der Zukunft erwarten.

Ziel des Buches ist es, dass Sie in absehbarer Zeit selbst viel versprechende Unternehmen herausfinden, in die Sie investieren.

Klären Sie für sich zunächst die grundsätzliche Frage:

- Glauben Sie an weiteres Wirtschaftswachstum, an die Flexibilität von Unternehmen auf veränderte Bedingungen?
- Wird das Vertrauen der Verbraucher in die eigene Wirtschaftskraft wieder zunehmen oder sich eher negativ entwickeln?
- Glauben Sie an eine wieder anziehende oder eine sich abschwächende Konjunktur in den nächsten Jahren?

Sie werden für beide Positionen Theorien und Vorhersagen finden, die eigene Einschätzung kann Ihnen aber niemand abnehmen.

Da ich für die nächsten Jahre optimistisch für wirtschaftliche Entwicklung eingestellt bin und vermute, dass im „Schlepptau“ auch die asiatischen und europäischen Länder mitziehen, habe ich bereits begonnen, mich häppchenweise zu positionieren.

Von den Ländern her bleibt für mich der amerikanische Markt übergewichtet.

Sehr interessant ist für mich auch der asiatische Markt mit Ausnahme von Japan. Besonders Südkorea und Hongkong erscheinen mir viel versprechende Standorte zu sein. Hier bevorzuge ich große, profitable Unternehmen, die auf einem breiten Gebiet Marktführer sind und von einer anziehenden Konjunktur schnell und deutlich profitieren.

Von den Branchen werde ich Alternative Energien, Nanotechnik und nach wie vor Biotechnologie und Logistik unter die Lupe nehmen. Da die gesamte Halbleiterindustrie in regelmäßigen Zyklen schwankt und wir in einer ausgeprägten Baisse sitzen, ist für mich ebenfalls in dieser Sparte das Signal zum Einstieg unüberhörbar. Außerdem werde ich Konsumwerte aus den USA und dem europäischen Raum in meinem Depot „bunkern“.

Die Alterspyramide zeigt mir recht deutlich, dass Renten mit dem bisherigen Umlagesystem nicht mehr finanziert werden können, die Altersvorsorge muss also in großem Stil über private Finanzdienstleister ergänzt werden, so dass diese Branche davon profitieren sollte und damit deren Aktien.

Es lohnt sich, jetzt Zeitungsberichte und Börsenhefte nach entsprechenden Informationen abzuklopfen und auf Einkaufstour zu gehen!

Ausblick

Wenn Sie tapfer meinen Schilderungen bis hierher gefolgt sind und Sie den Eindruck haben, hier wird tatsächlich auch nur mit Wasser gekocht, und Sie den leisen Impuls verspüren:

„Probieren würd' ich's ja gern…",

dann lassen Sie sich noch die letzte kleine Begebenheit auf der Zunge zergehen:

Meiner Lektorin übersandte ich das Manuskript zur Korrektur, nachdem sie mir das Durchsehen zugesagt hatte.

Sie betonte gleichwohl, dass sie mit diesem Thema nichts am Hut hat.

Zwei Tage später (sie arbeitete in absoluter Rekordzeit!) fand ich das korrigierte Manuskript im E-Mail-Eingang und eine kleine verschämte Notiz am Ende des letzten Blattes:

„Übrigens – Ich habe mir einige Aktien herausgesucht, die ich kaufen würde, wenn ich es täte…"

Einen guten Anfang!!!

Literaturverzeichnis

Barnhart, Tod: *Die 5 Schritte zum Reichtum.* Econ Taschenbuch Verlag, München 2000

Busch, Friedhelm: *Greife nie in ein fallendes Messer.* Campus Verlag, Frankfurt am Main 2000

Koch, Markus: *Erfolgsrezepte vom Börsenkoch.* FinanzBuchVerlag, München 2000

Kostolany, André: *Der große Kostolany.* Econ Taschenbuch Verlag, München 2001

Kostolany, André: *Die Kunst, über Geld nachzudenken.* EconUllsteinList Verlag, München 2000

Lejeune, Erich J: *365 x Motivation.* mvg-verlag, Landsberg am Lech 1999

Lejeune, Erich J: *Lebe ehrlich, werde reich!* mvg-verlag, Landsberg am Lech 1997

Lynch, Peter/Rothchild, John: *Peter Lynch III – Der Weg zum Börsenerfolg.* Börsenbuchverlag Kulmbach, 1996

Otte, Max: *Investieren statt Sparen.* EconUllsteinList Verlag, München 2000

Schäfer, Bodo: *Der Weg zur finanziellen Freiheit.* Campus Verlag, Frankfurt am Main 1998

Schäfer, Bodo: *Wohlstand ohne Stress.* Campus Verlag, Frankfurt am Main, 2001

Stichwortverzeichnis

Ziffern
10-Jahreskurve 89
100-Prozenter 106, 110
1000-Prozenter 106f.

Aether systems 91
Abwärtstrend 65
Aktien(-)
-auswahl 79, 149
-depot 23
-engagement 57
-favoriten, persönliche 105
-fonds 29
-markt(es)
–, Einstieg in den 143
–, Größe des 70
-split 40
-tipps 79
-verlauf, Muster im 65
–, Umkehrformationen 65
–, Schulter-Kopf-Schulter-Formationen 65f.
–, Bänder 65
–, Wimpel 65
–, W-Formation 65f.
–, Doppel-Top 67
–, Unterstützungslinien 67
-, Vorbestellung von 33
-, Wertsteigerung der 109
Aktionär 114

Allianz 23ff.
Amazon 64, 109
Analysen, fundamentale 65
Analystenschätzungen, Abweichungen von 69
Anlage-
-entscheidungen 29
-strategie 58, 79
Anteilsscheine 120
AOL 40f., 78, 96, 110, 114, 126
Aufholpotenzial 46
Aufwärtstrend 157

B2B 35
B2C 109
Baan 44, 46
Bank Bali 101
Banken, Empfehlungen der 69
Bärenmarkt 87, 159
Basiswissen 18
Benchmark 58
Bezos, Jeff 64
Blindkäufe 146
Börse online 63
Börsen-
-crash 1929 39
-fasten 88
-kurs, niedriger 87
-zeitschriften 119
Britten, Benjamin 14
Brokerboard 101
Busch, Friedhelm 30
Buy-and-hold-strategy 76

C2C 109
ce CONSUMER ELECTRONIC 33f., 76
CeBIT 108
Chart
-analyse 67
-technik 65
Chase Manhattan Bank 63, 68
Check Point Software 99, 111
Checkpoint systems 99
Chip-exchange 35
CineMedia 51
Cisco systems 64
Cmgi 116
Coca-Cola 46
Commerce One 116
Commerzbank 69
Compaq 73f., 93f., 111
Consors 72, 128
Cost-average-Effekt 150

DAC 111, 152
Daimler Chrysler 69, 101
DAX 24, 87, 89, 112f.
DELL 78, 106
Die Welt 50
Direktbank 72, 128
Double Click 64, 155
Dow Jones 87, 89, 112

eBay 35, 108f.
Einstellungen, negative 57
EM.TV 102, 110, 112, 114, 116
EMC 64, 114, 145

Endemann 101
Entscheidungshilfen, sachliche 57
Erfahrung 84
Exodus 116

Fickel, Karl 58
finwis, 153
Fonds 79, 97

Gateway 106
Geld(-)
-anlage, spekulative 20
-, schlechtes 147
General Electric 46, 77, 114
Geringverdiener 54
Geschäftsidee, Vertrauen in die 36
Gewinn(-)/e(n)
-, üppige 34
-, Verwandlung von 90
-mitnahmen 78

Handelsblatt 63
Handeln, antizyklisches 89
Hannover Aktienclub 61
Hardware-Aktien 68
Harrigan, Robert 68
Hausbank 127, 129
Highlight Communications 116
Hornblower-Fischer 63f.
Hotline, telefonische 128f.

Insidermeinungen 50
Intel 91

Internet 123, 129
Investieren, antizyklisches 93
Investitionen, Scheu vor 27
Investor-village 61
Investorworld 59, 61

JDS Uniphase 85, 111
Jenkins, J. 101
Jenoptik 33

Kapital, frisches 92
Kaufen und Halten 76
Koch, Markus 58, 68, 114
Konjunkturdaten 83
Kontakt, erster 19
Kontraindikator 46
Korrekturphasen 150
Kostolany, André 45, 50, 102, 144, 150
Kreditinstitut, örtliches 23
Kritikfähigkeit 51
Kurs-
-anstiege, lange 44
-gewinn 60
-verlauf, Ausschläge im 104
Kurve, splittbereinigte 40

Langer, Bernhard 94
Langfristinvestment 37
Lebensplanung, zielgerichtete 29
Lejeune, Erich 33
Lynch, Peter 12, 30, 121

Magellan Fonds 12
Mannesmann 47

Markt-
-führer 46
-informationen 67
-übertreibungen 44
Meinung, eigene 51
Metzler Wachstum International 29
Microsoft 21
Millennium pharm 91
Mross, Michael 39
Musterdepot 126, 153
my-sap.com 50

Namensaktien 24
Nasdaq 36, 71, 87, 89, 115
Neuer-Markt-Fonds 149
New York stock exchange 62, 64, 71
Nowacki, Jürgen 64

***O**midyar, Pierre 36*
online banking 138
Oracle 64
Otte, Max 61

Penny stock 85
pilot network services 109
PIN 132
Pompidou, Georges 50

Rambus 76, 110
real-time-Kurse 71
Reinfälle 100
Ruhleder, Rolf H. 46

Samsung 108
SAP 23ff., 40, 46, 48ff., 78, 111, 126
Schäfer, Bodo 30f., 53f., 92, 95, 153
Schwankungen 77
Schweitzer, Albert 97
Selbstschutz 88
Senioren, Anlageverhalten von 113
Siebel Systems 64, 91
Sparpläne 29
Späth, Lothar 33
Stammaktien 24
starbucks 63
starmedia 146
stock-picking 148
stockpicker 43
Stopp-
-loss 75
-Kurse 44
-Marken 75
Sullivan, Ellen 65
Sun Microsystems 64

Tageszeitung 121
TAN 132, 134f.
Teilverkäufe 78
Templeton Growth Fonds 152
Tiefpunkte 65
Tiptel 47
Tomorrow Internet 116
Trendumkehr 147

Übernahmephantasie 60
Unternehmen(s-)
-daten 67
-, Gewinnentwicklung für 55
Unterscheidungsvermögen 51

Verkaufen 73
Verlustgrenze 74
Vermögens-
-aufbau, vernünftiger 28
-berater, unabhängiger 21f.
Vodafone 48
Vorzugsaktien 24

Wall Street 62, 70
-, Tendenz 71
watchlists 126
Webstreet Securities 72
Wert-
-entwicklung 12
-papier-
--kennnummer 99
--übertragung 131

yahoo 18

Zeichnung 33
Zugangswege, mehrere 129
Zugewinn 96
Zwänge, psychologische 87